AF587530

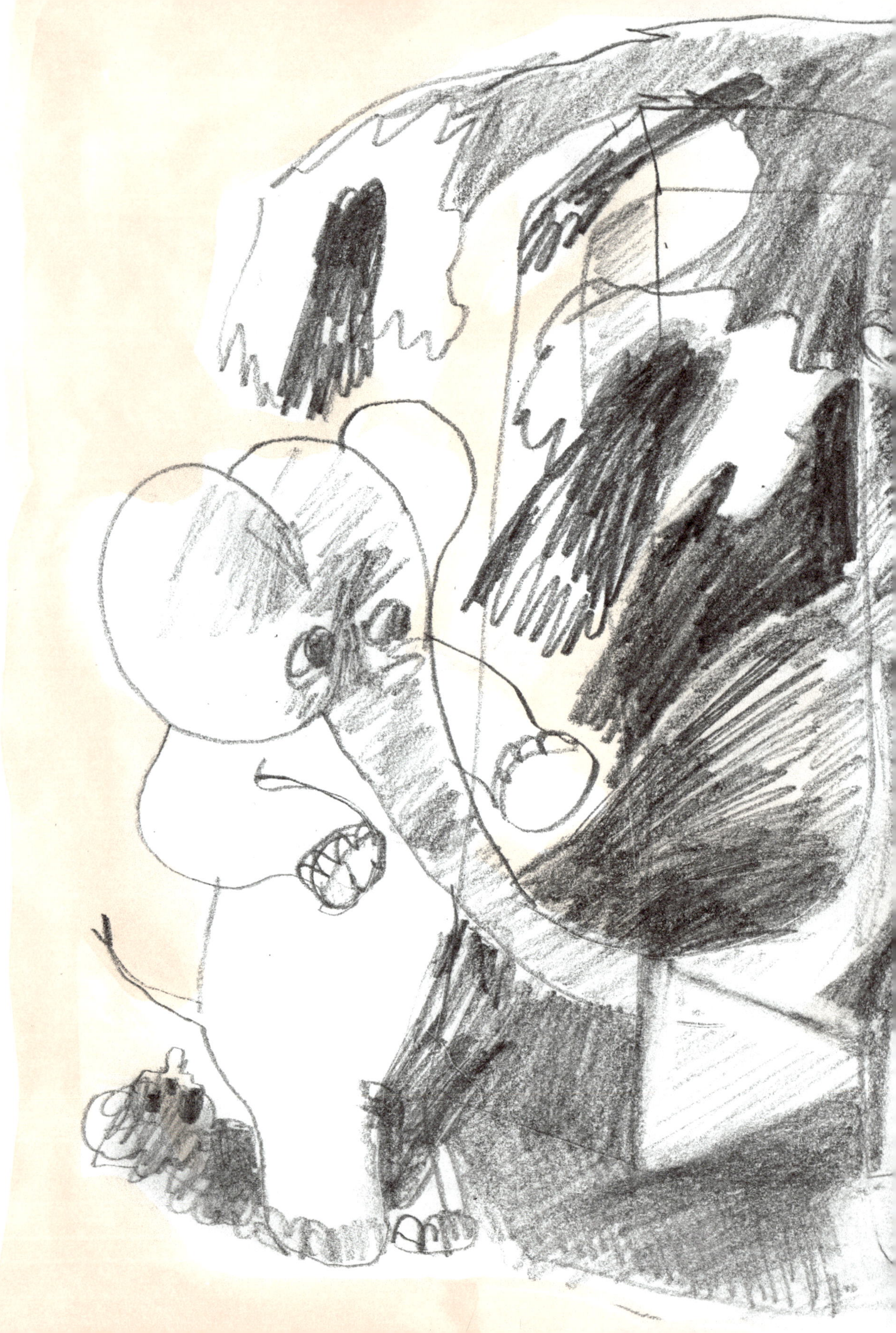

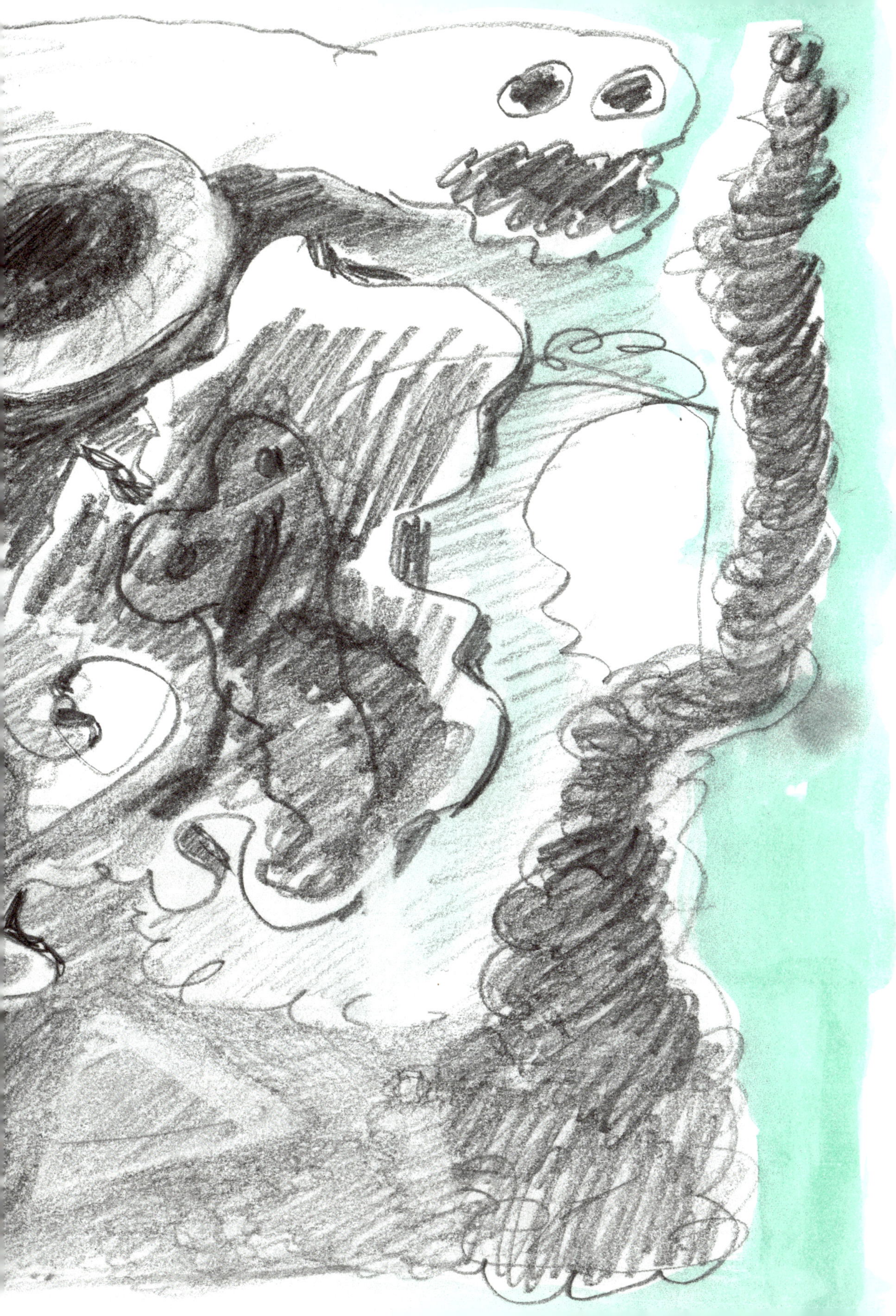

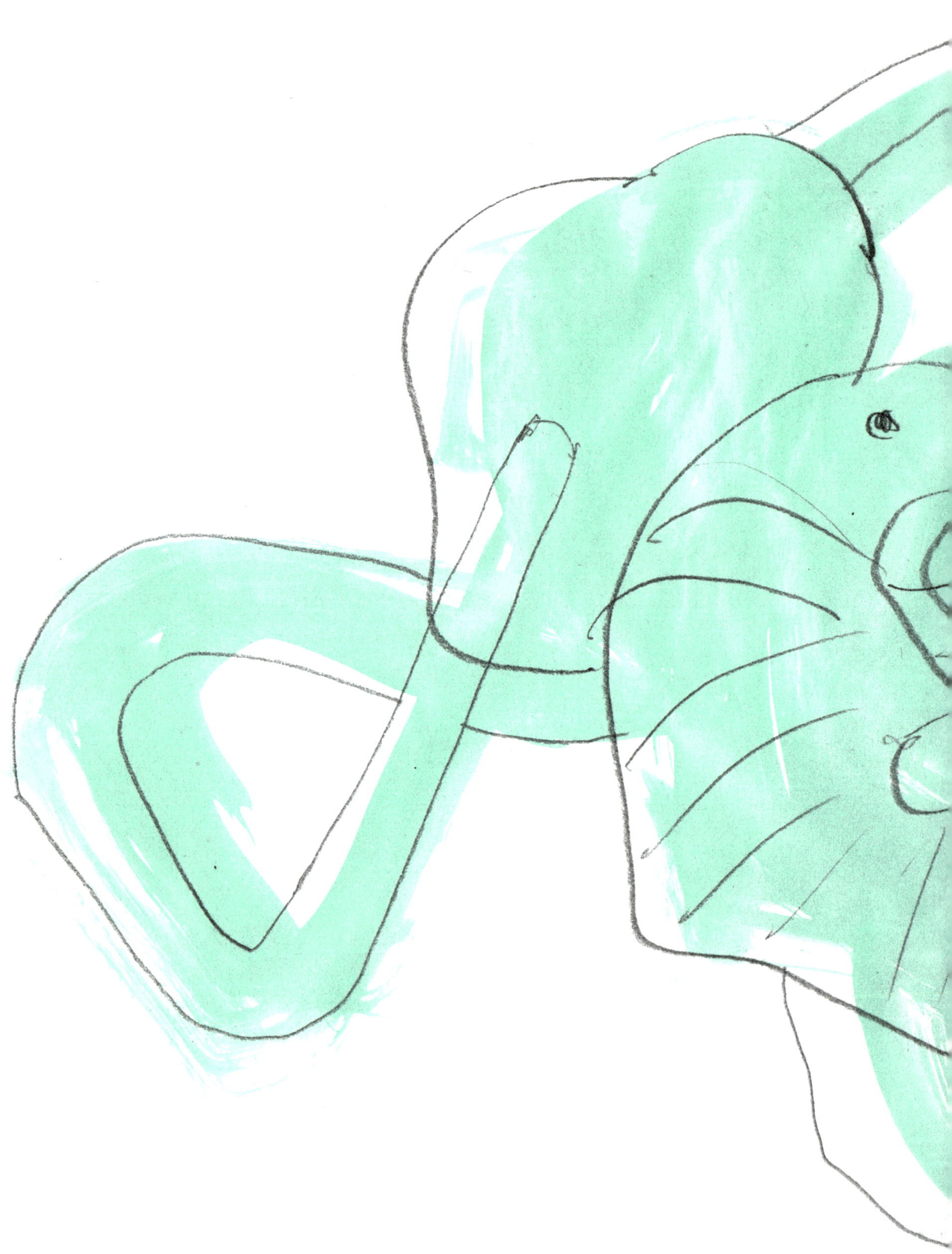

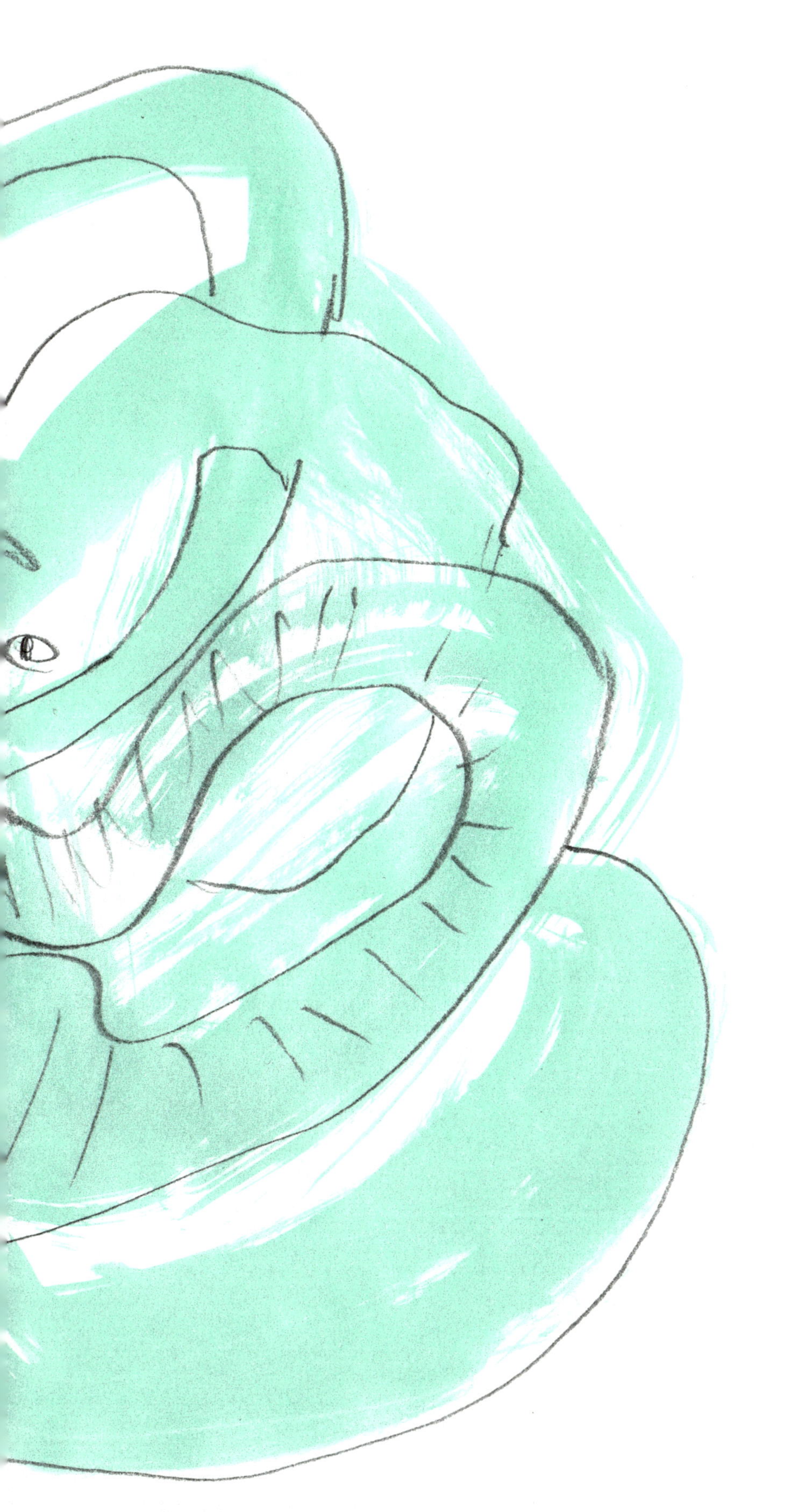

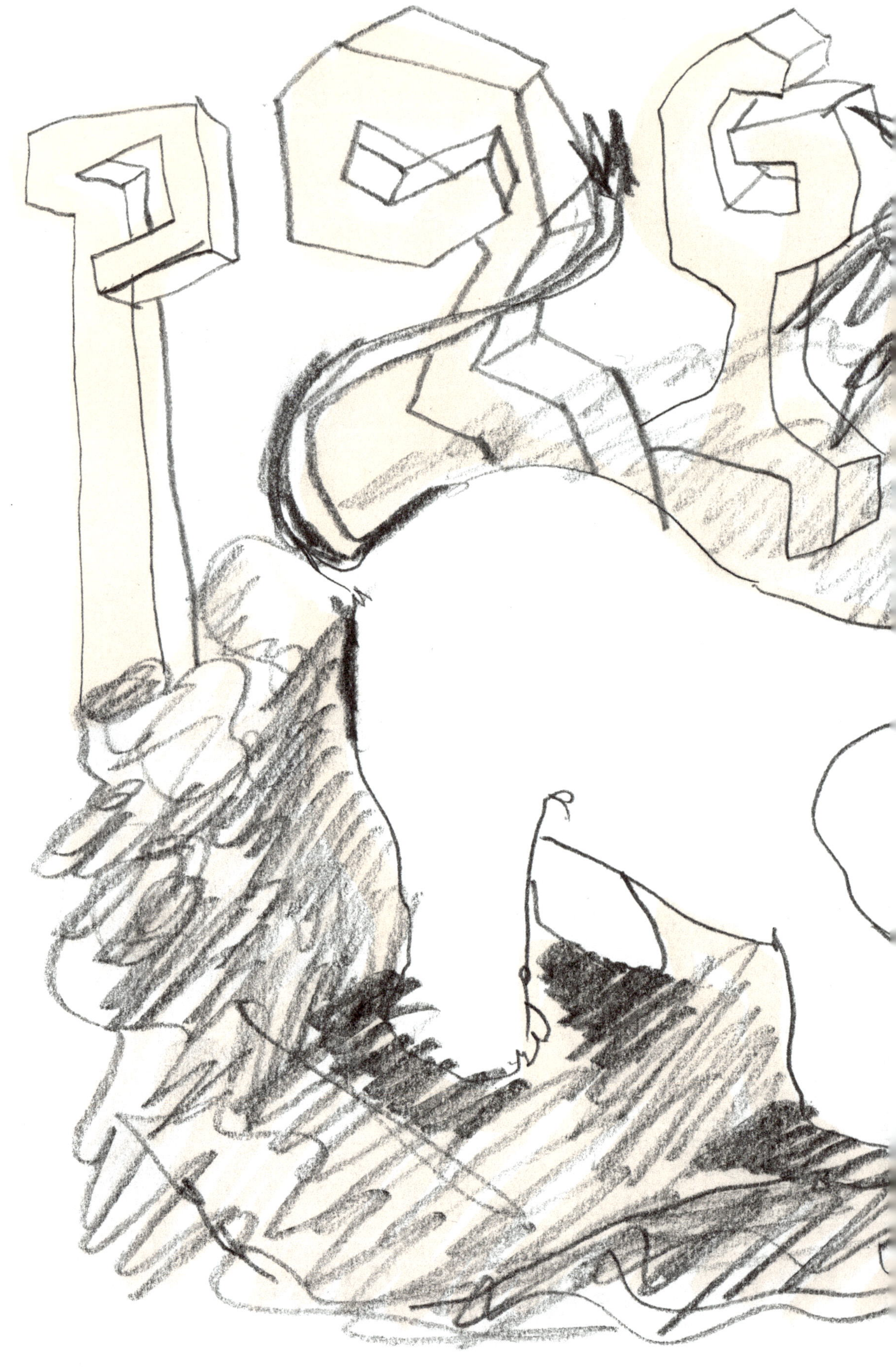

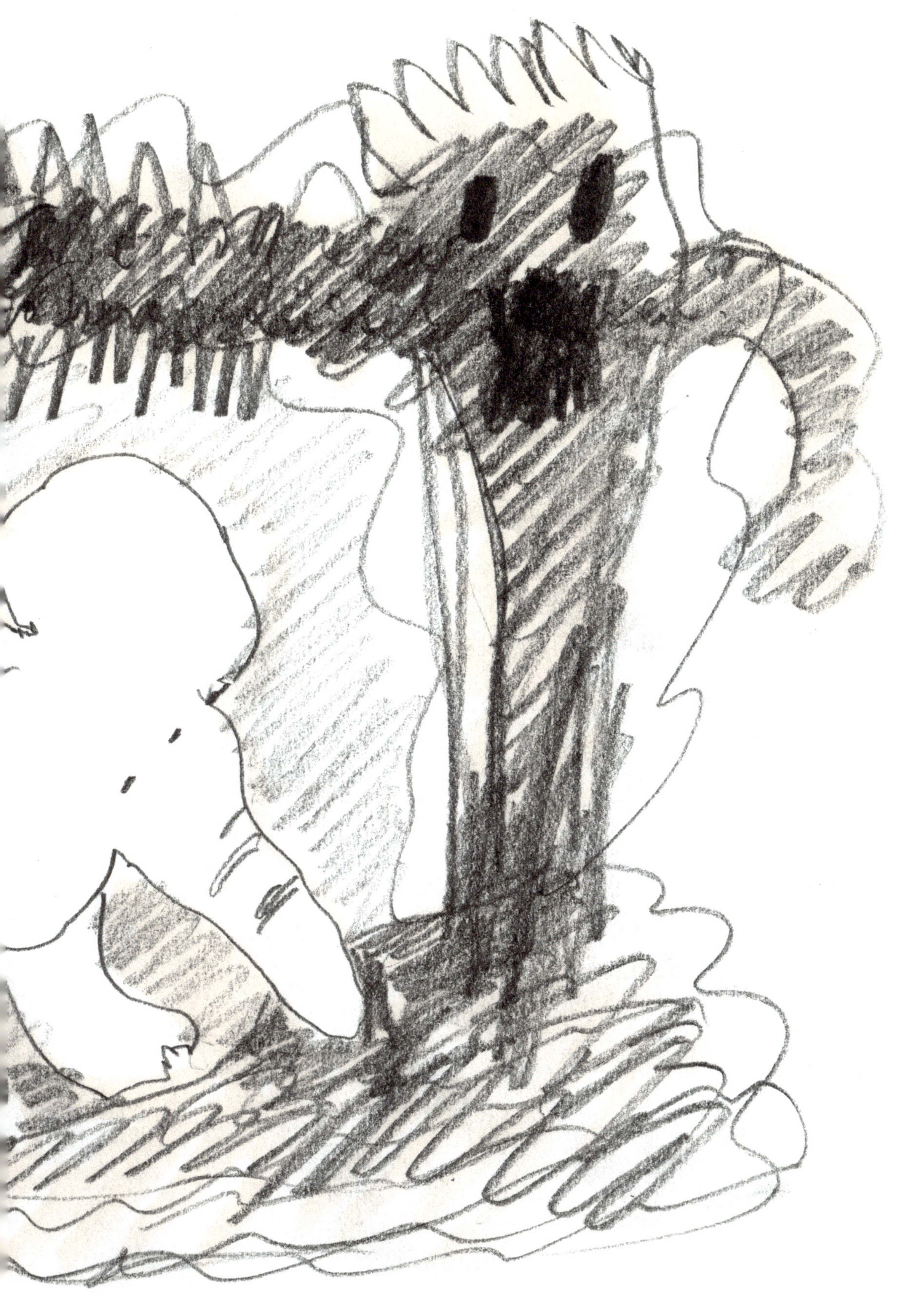

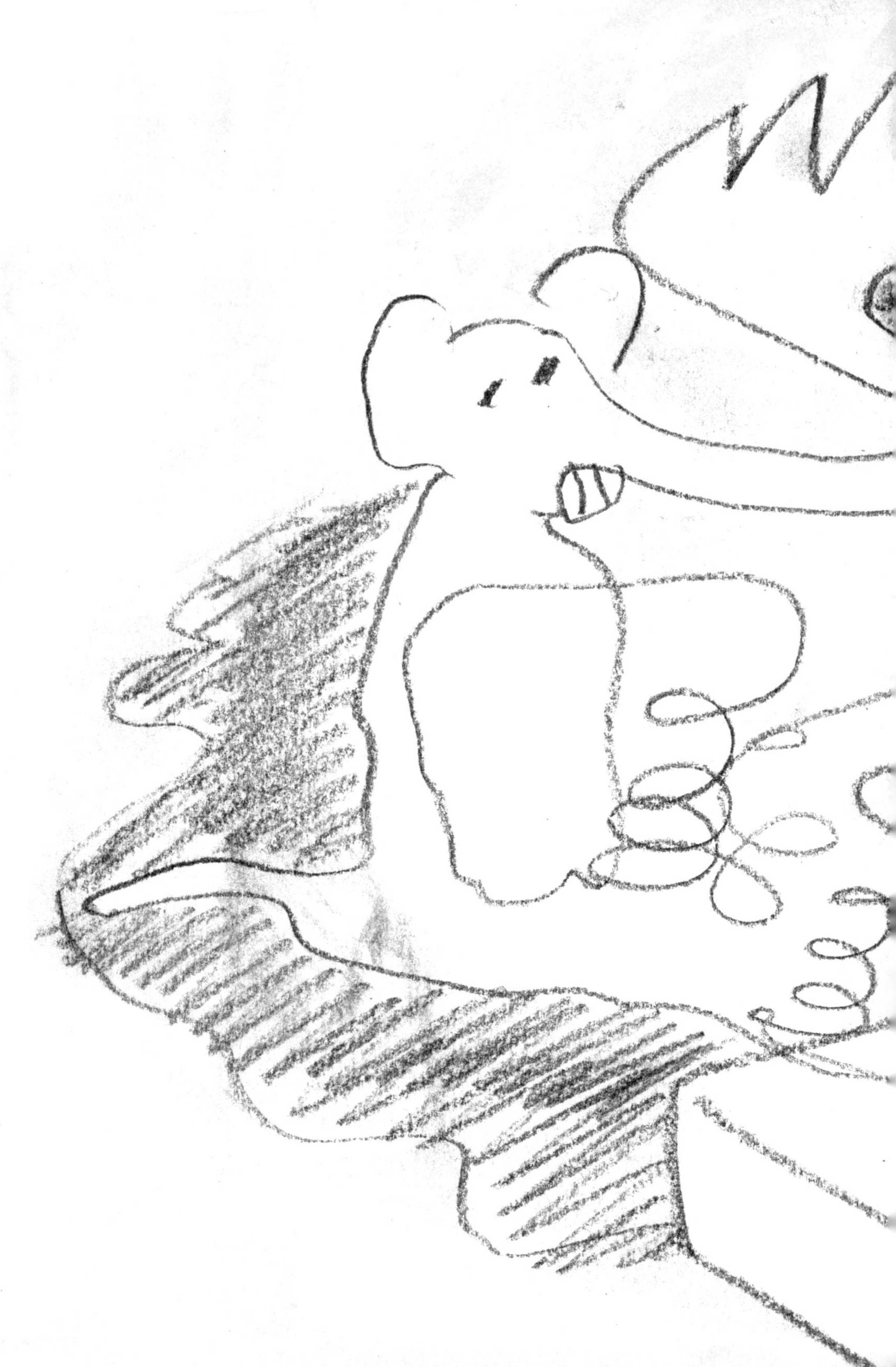

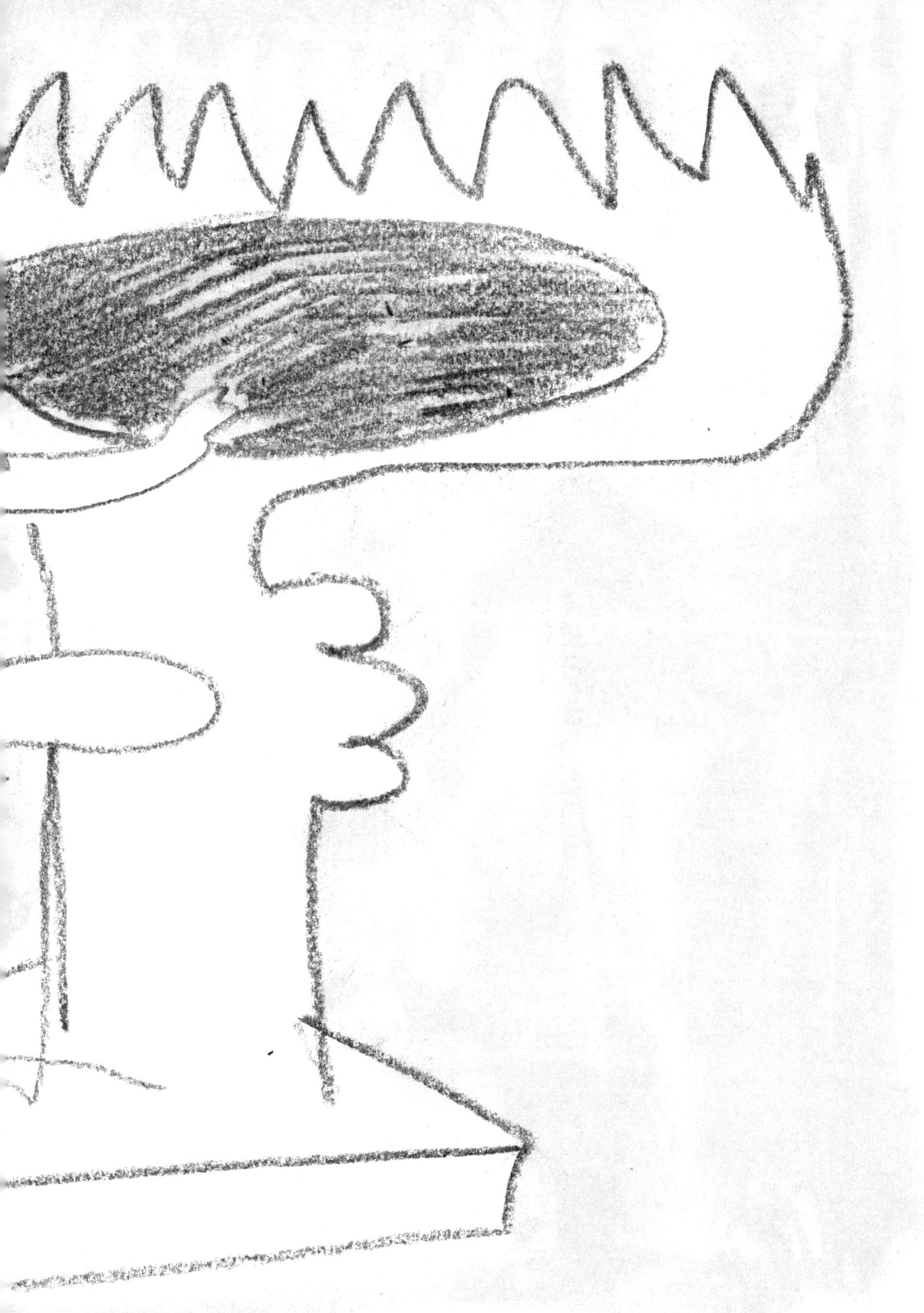

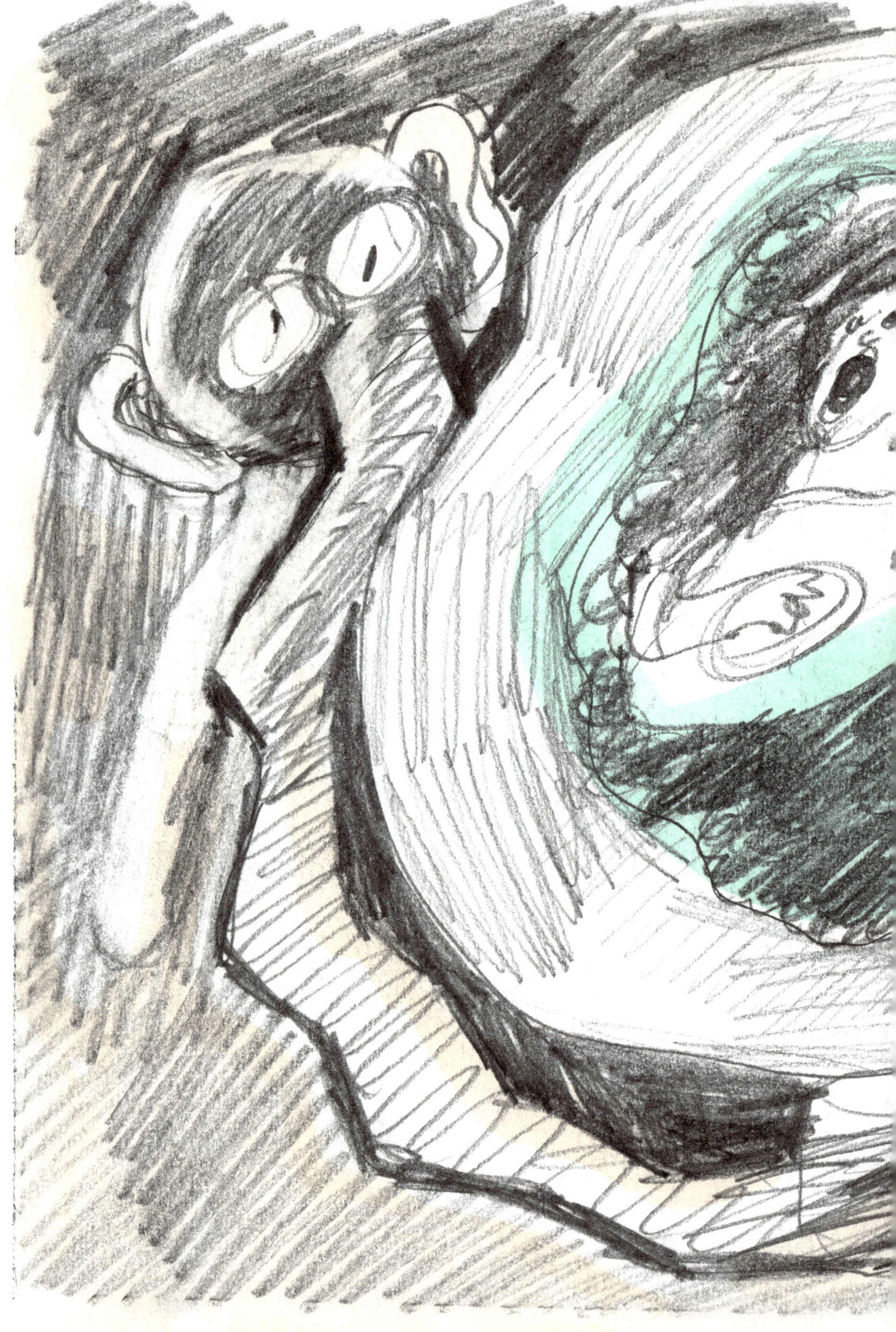

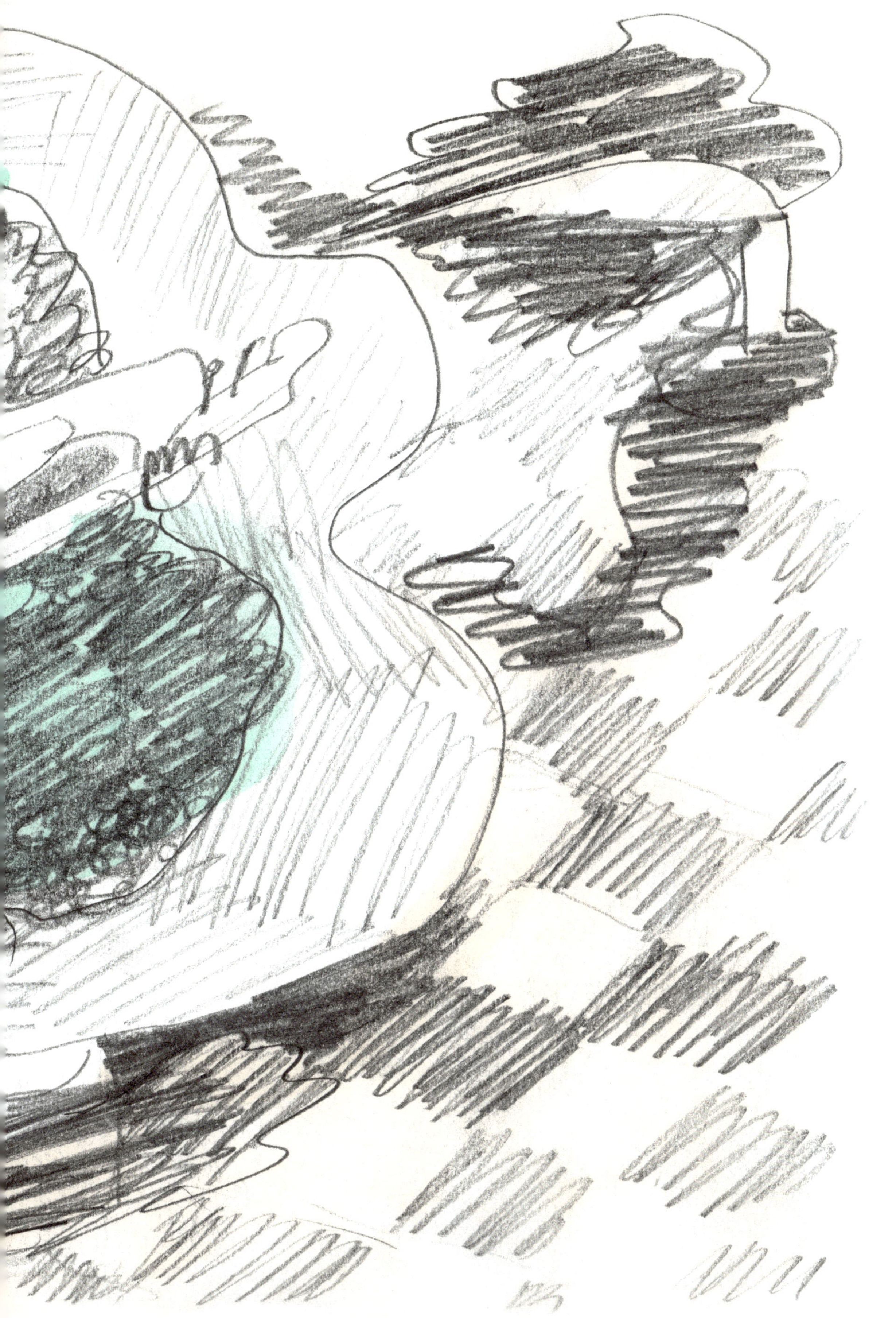

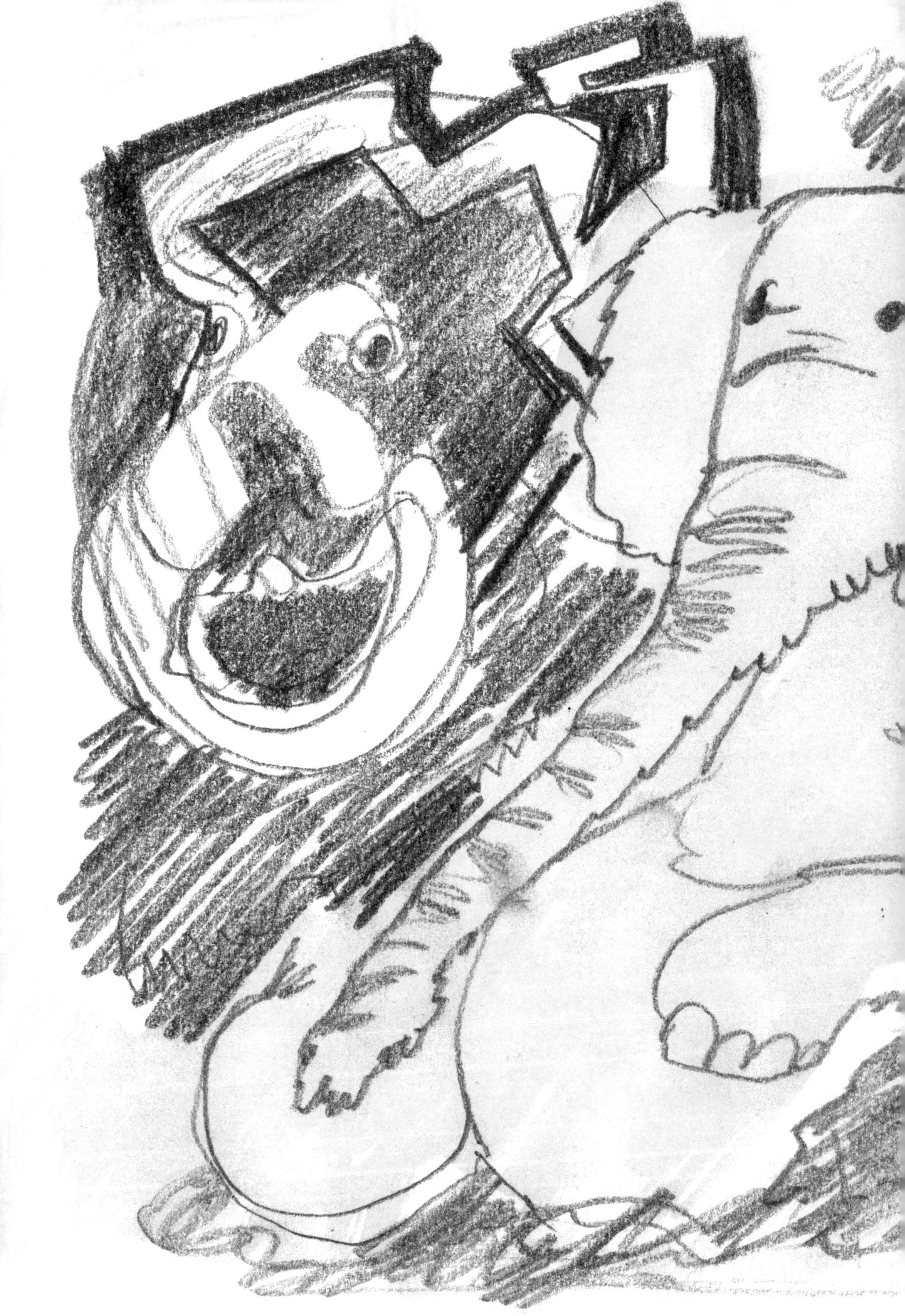

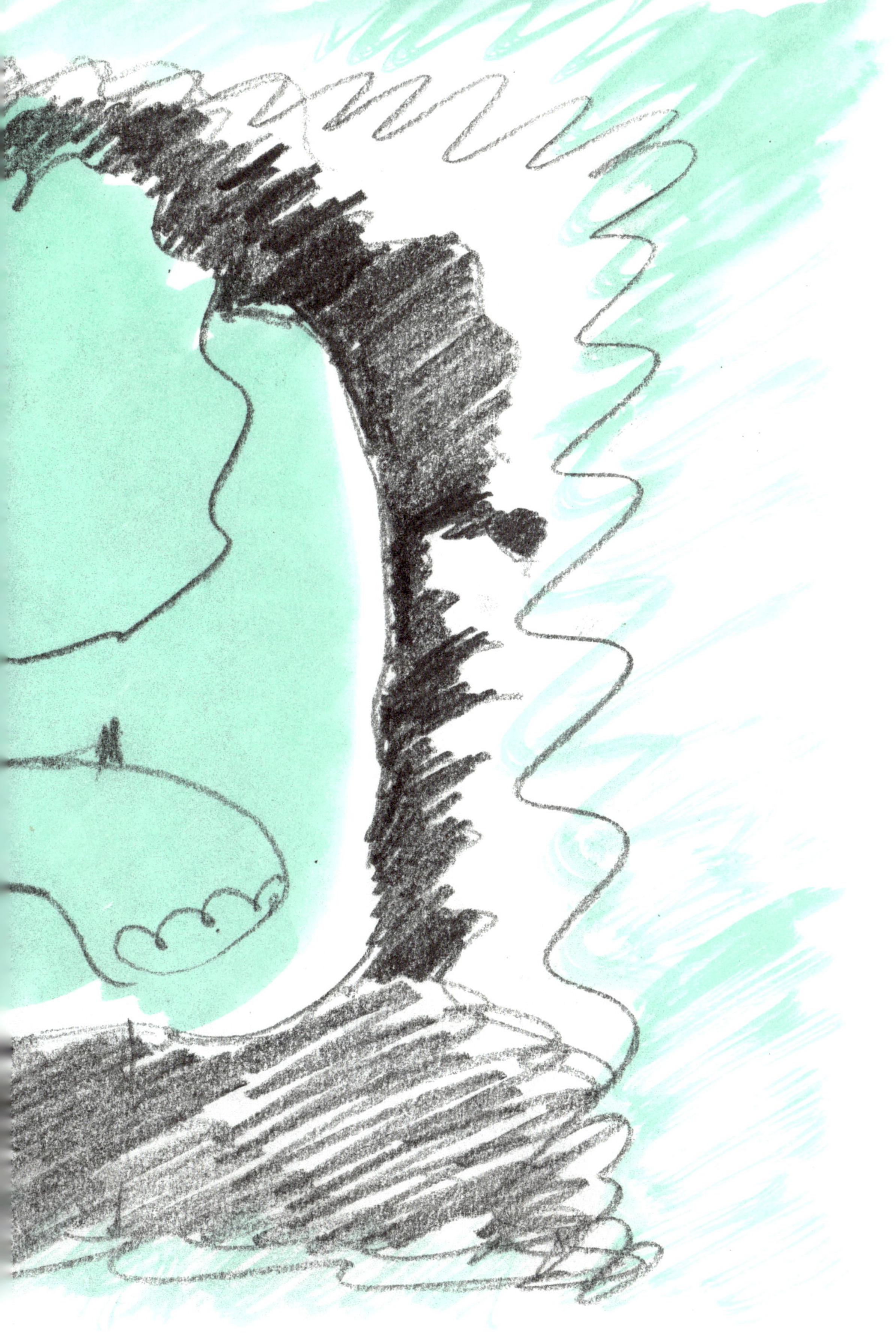

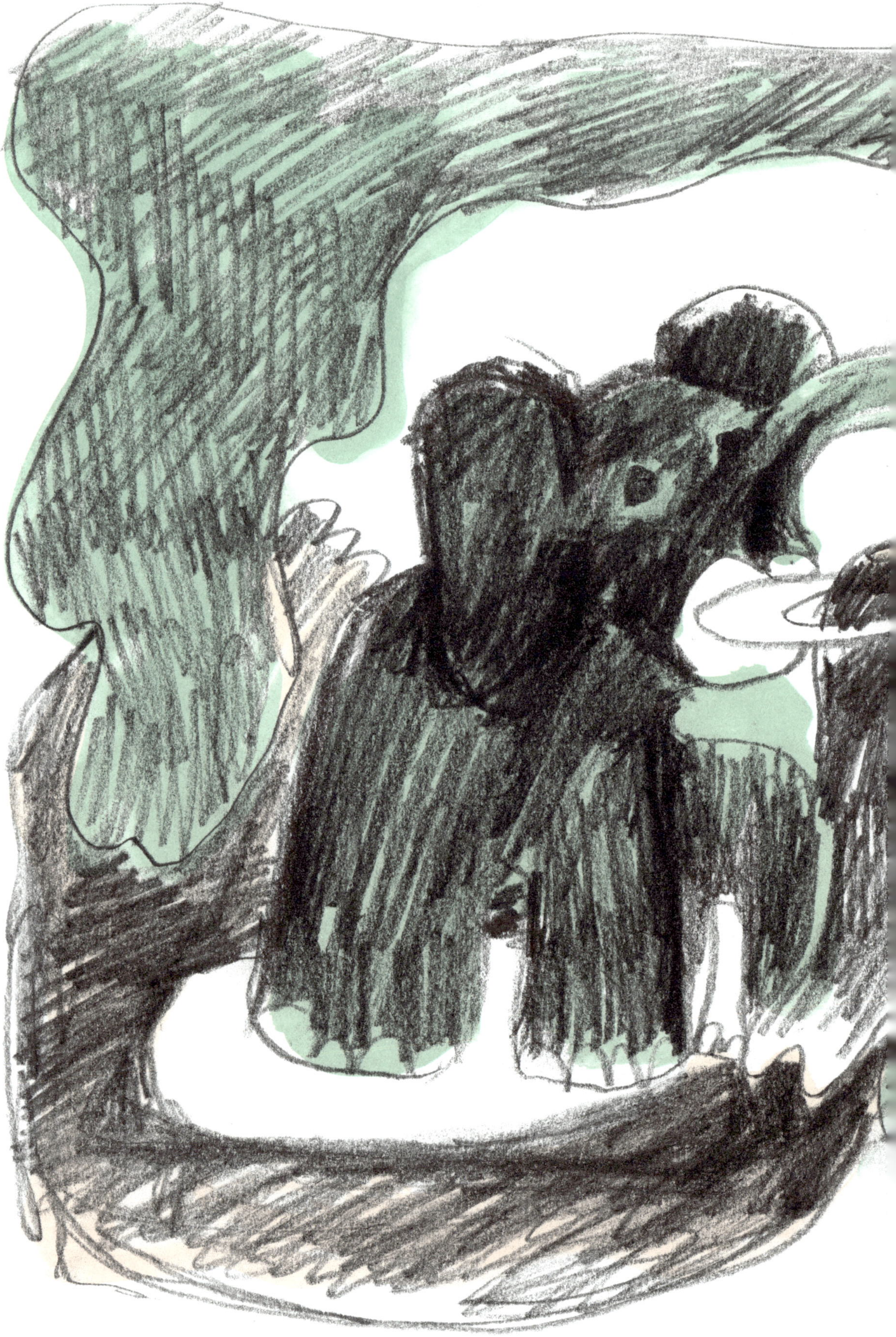

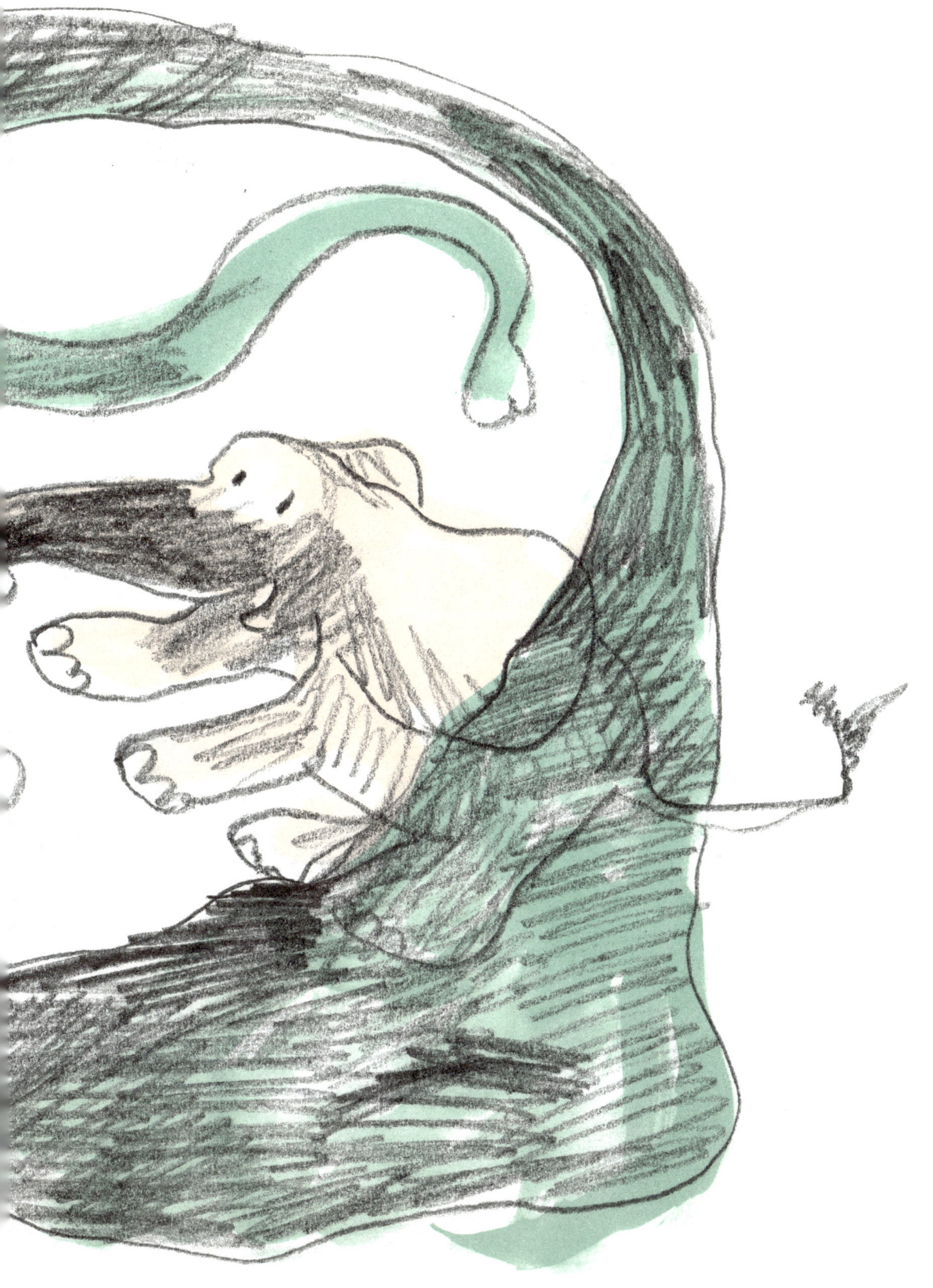

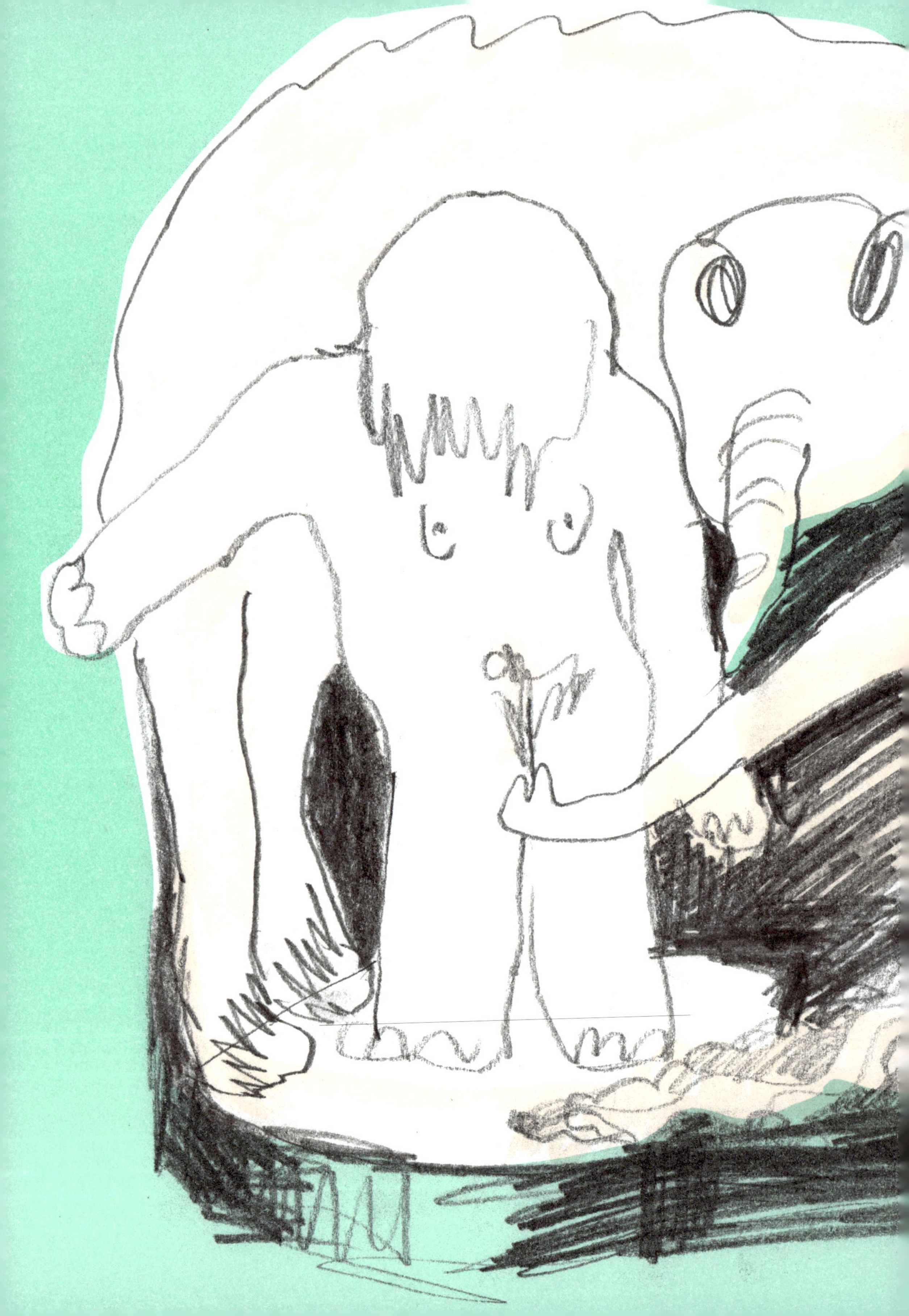

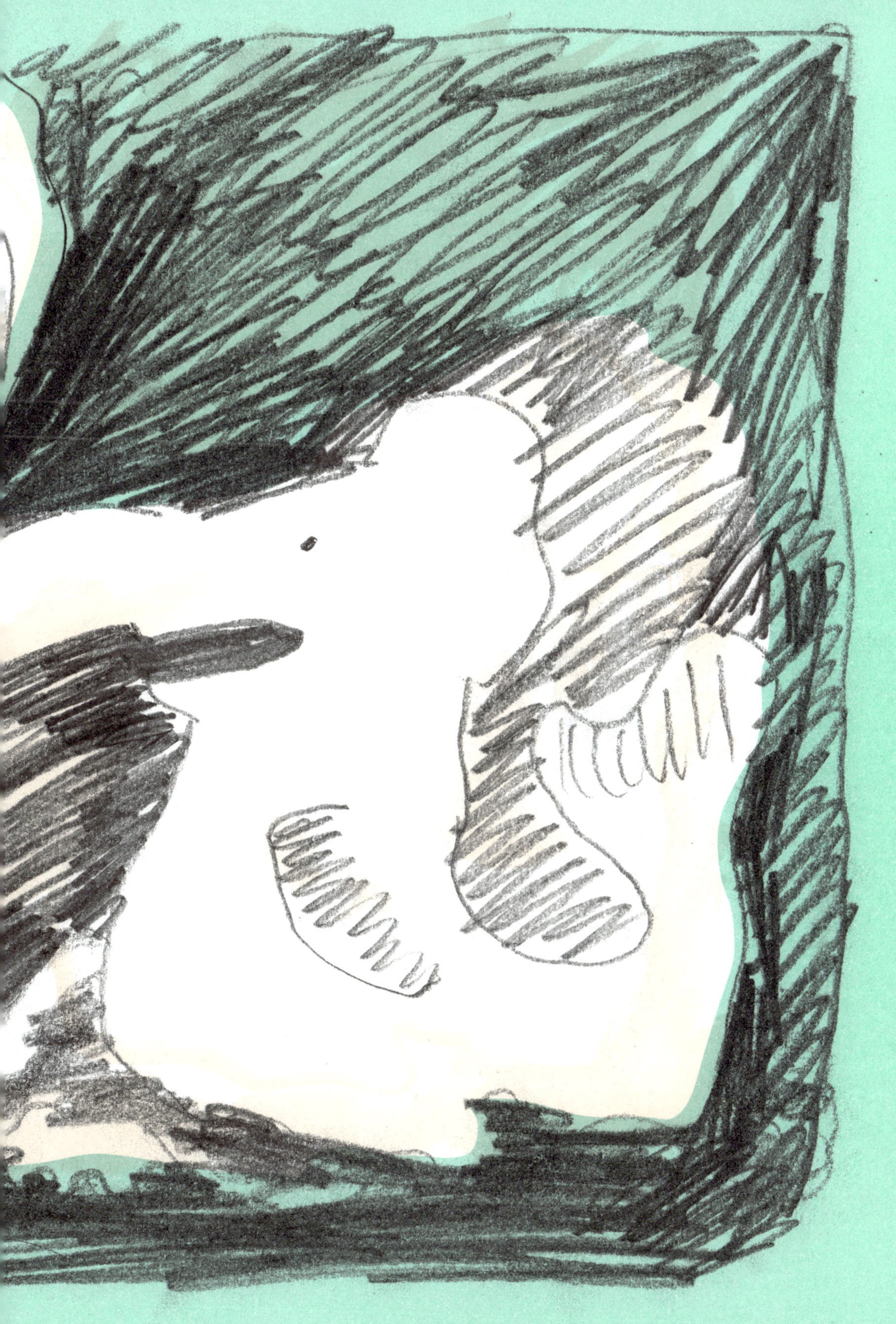

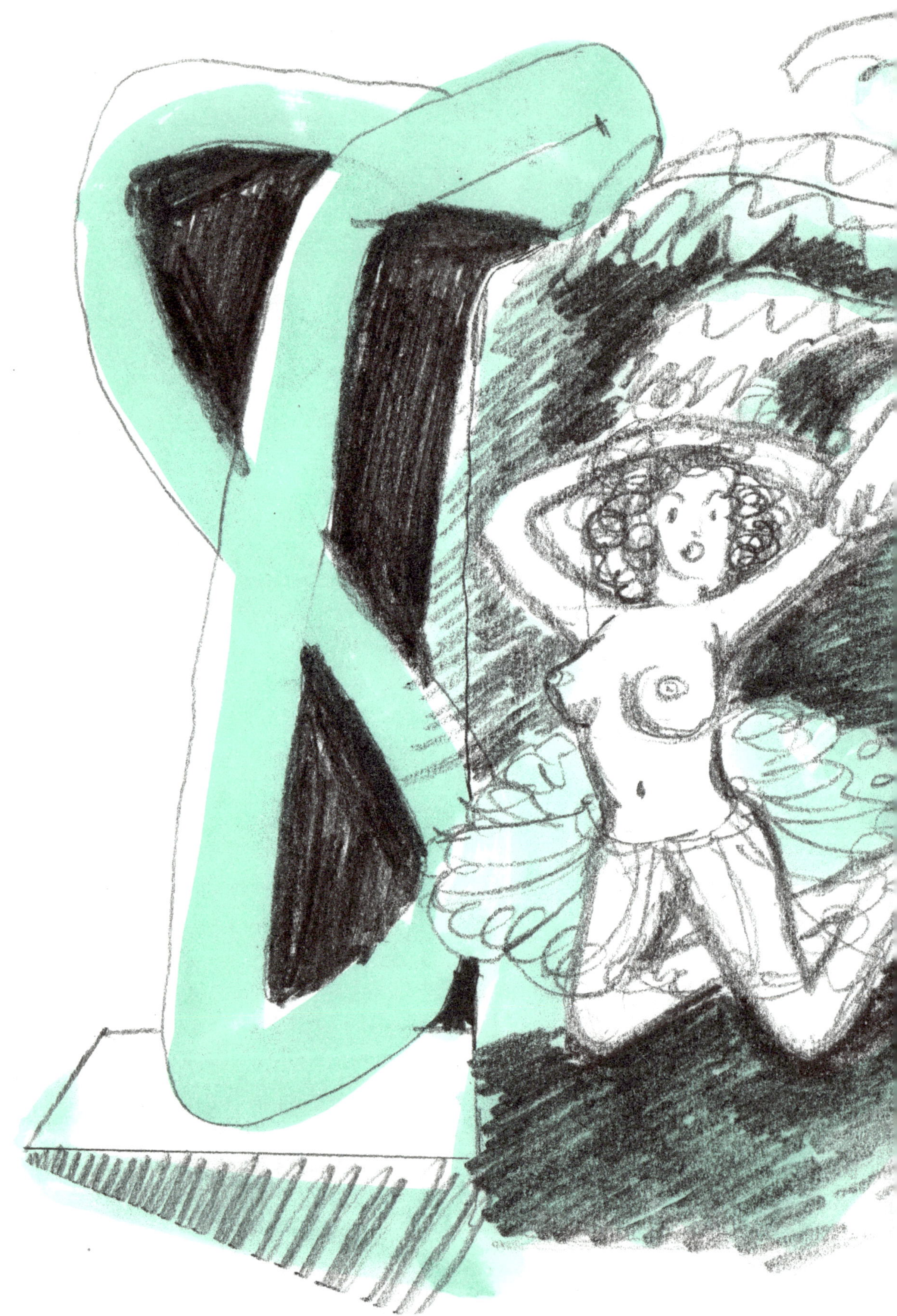

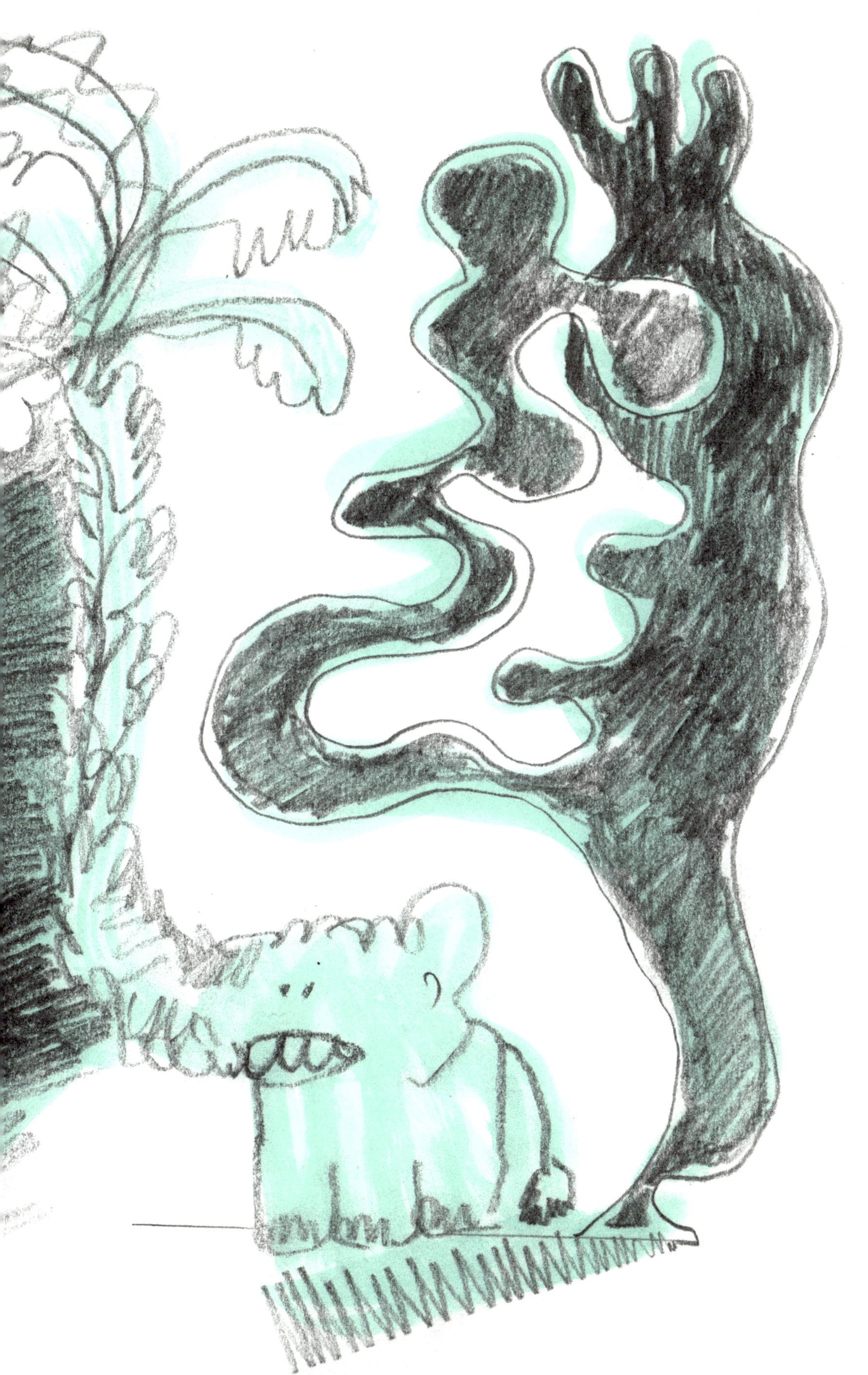

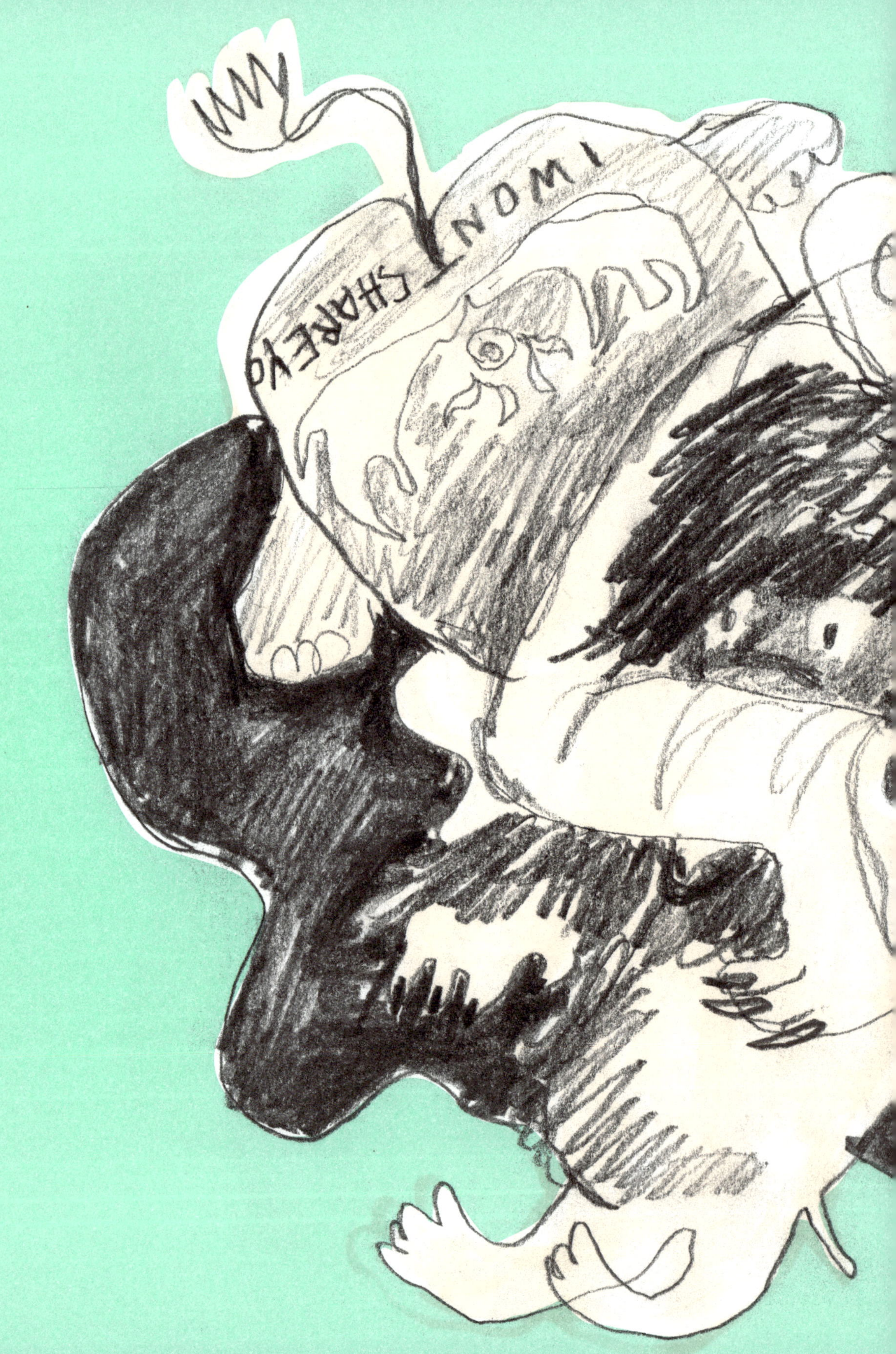
I WON
SHAREYO

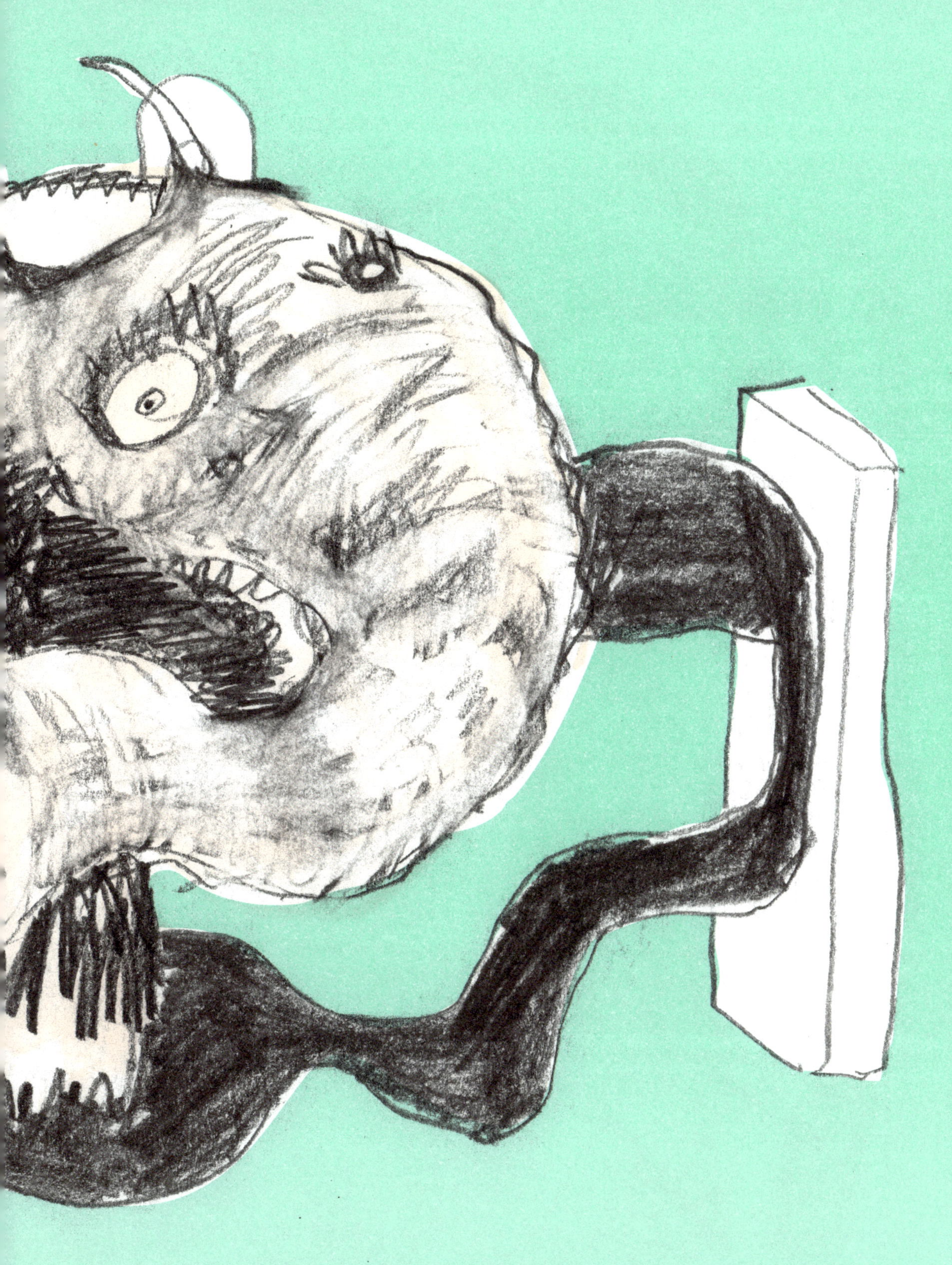

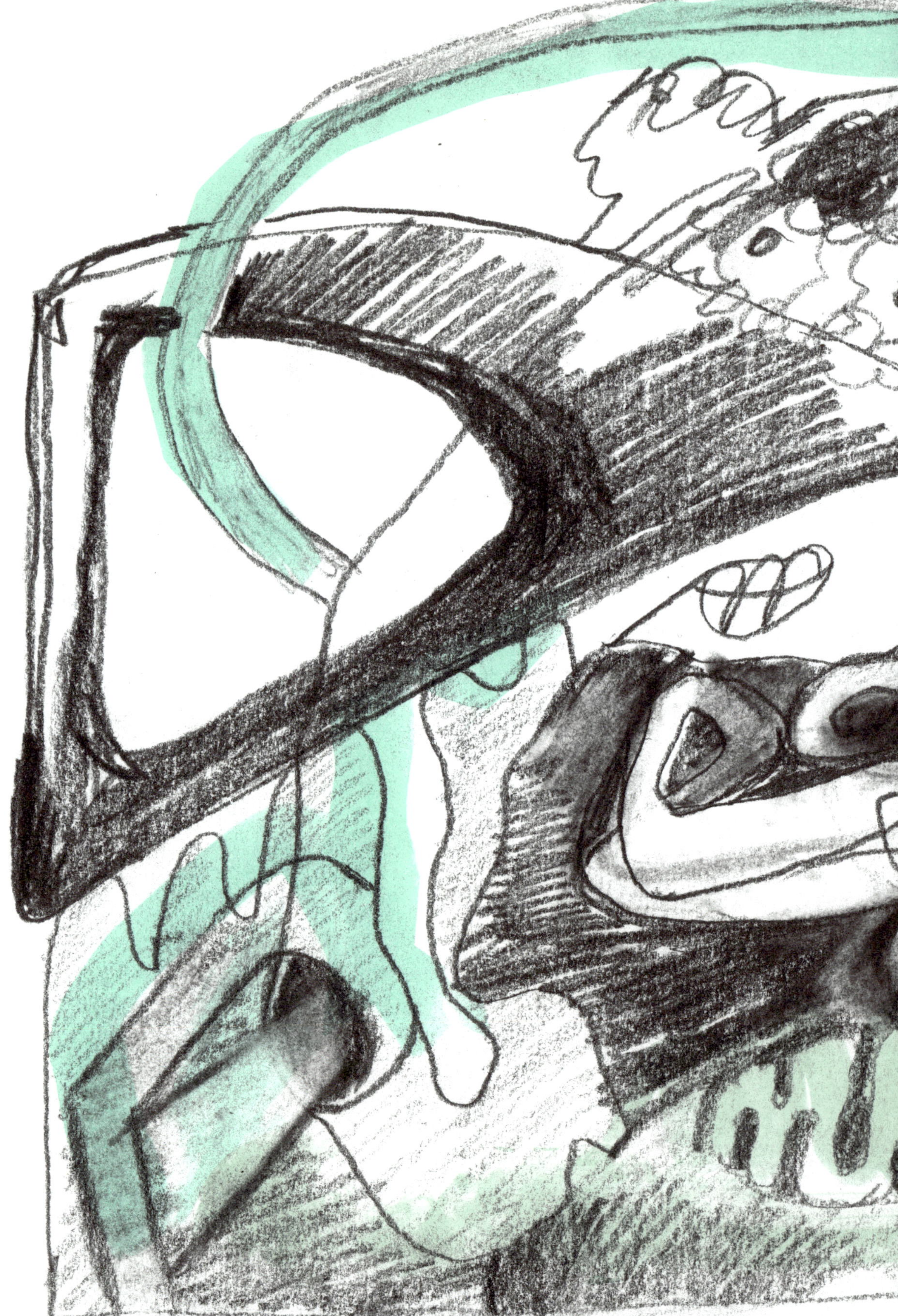

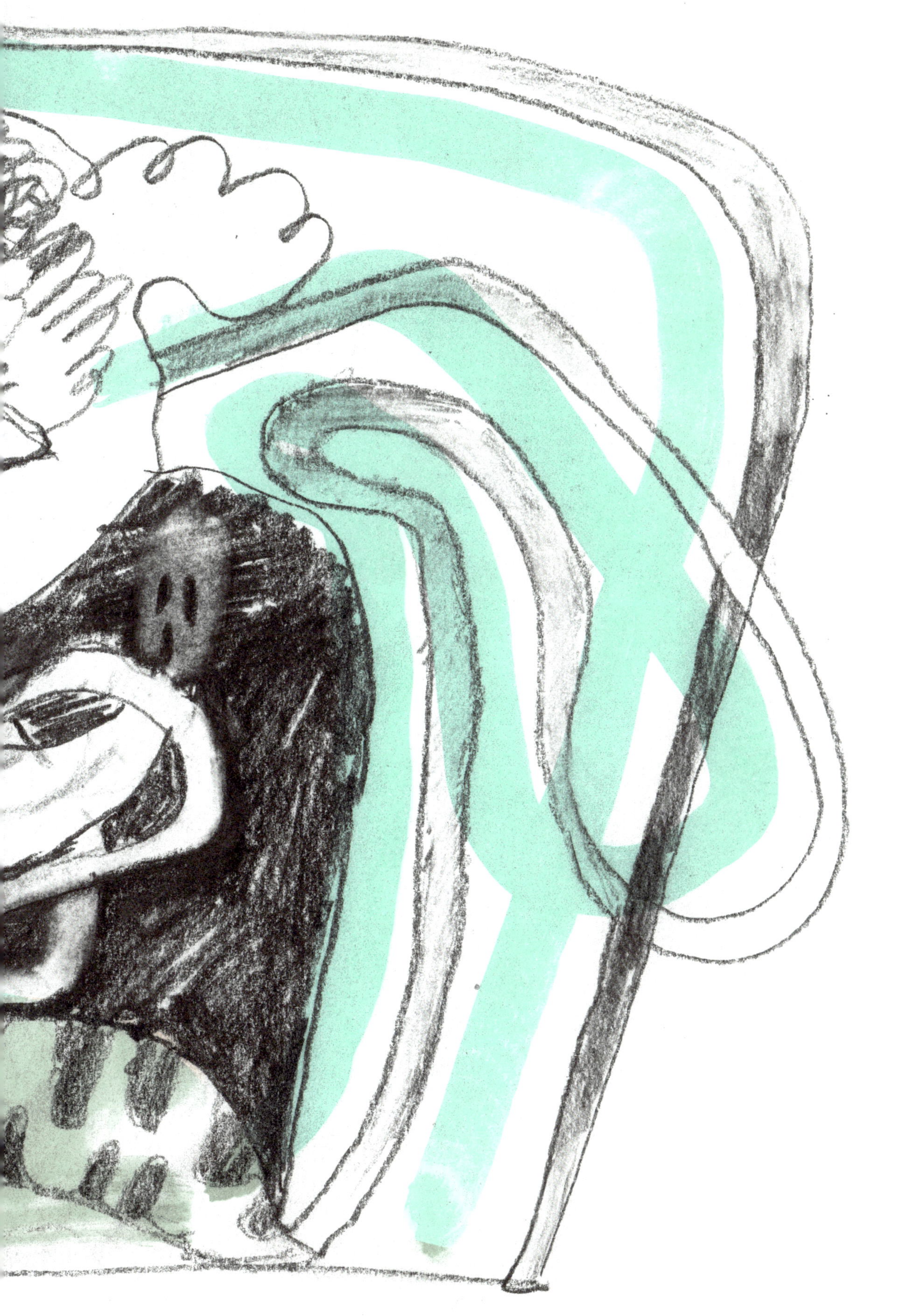

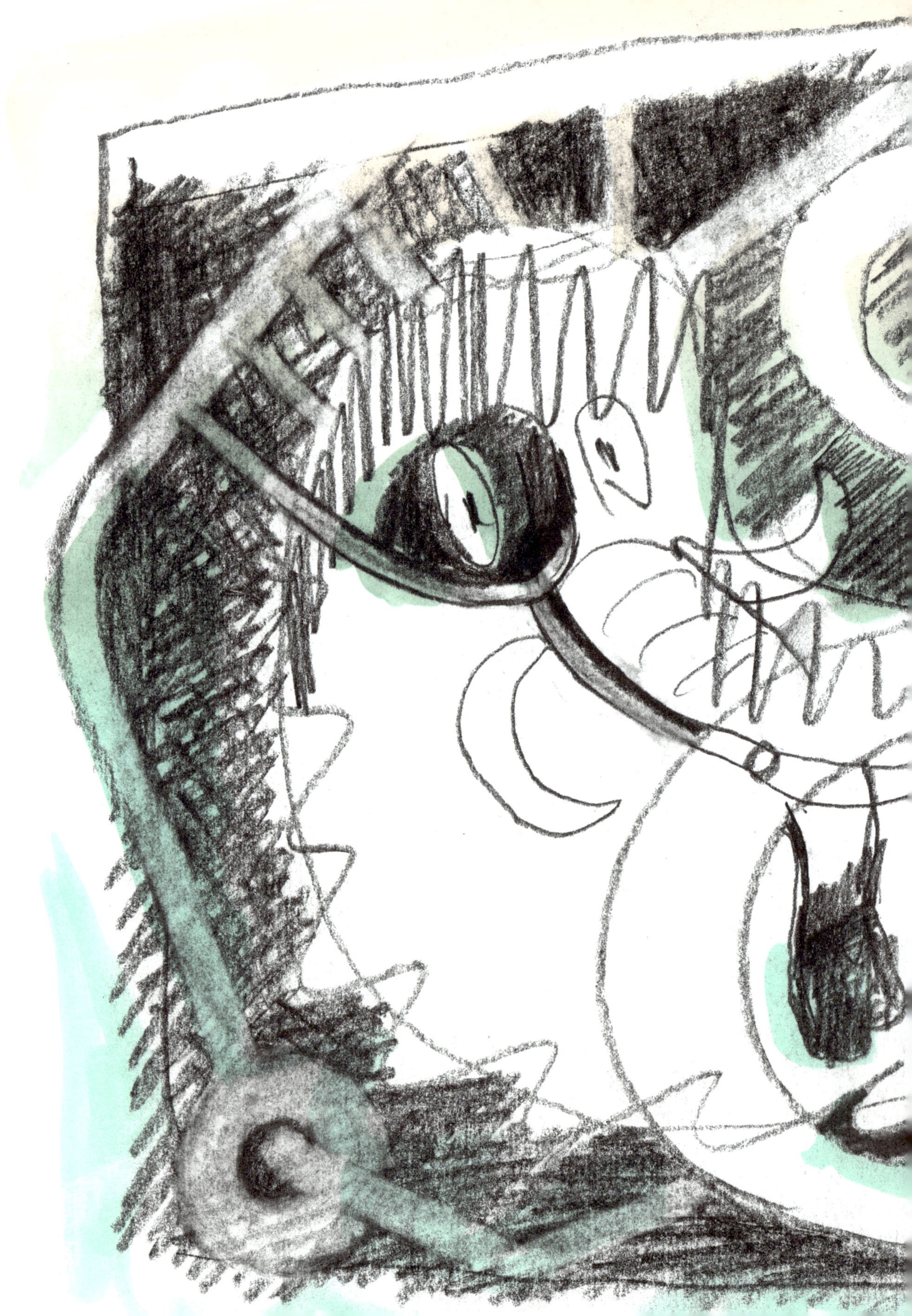

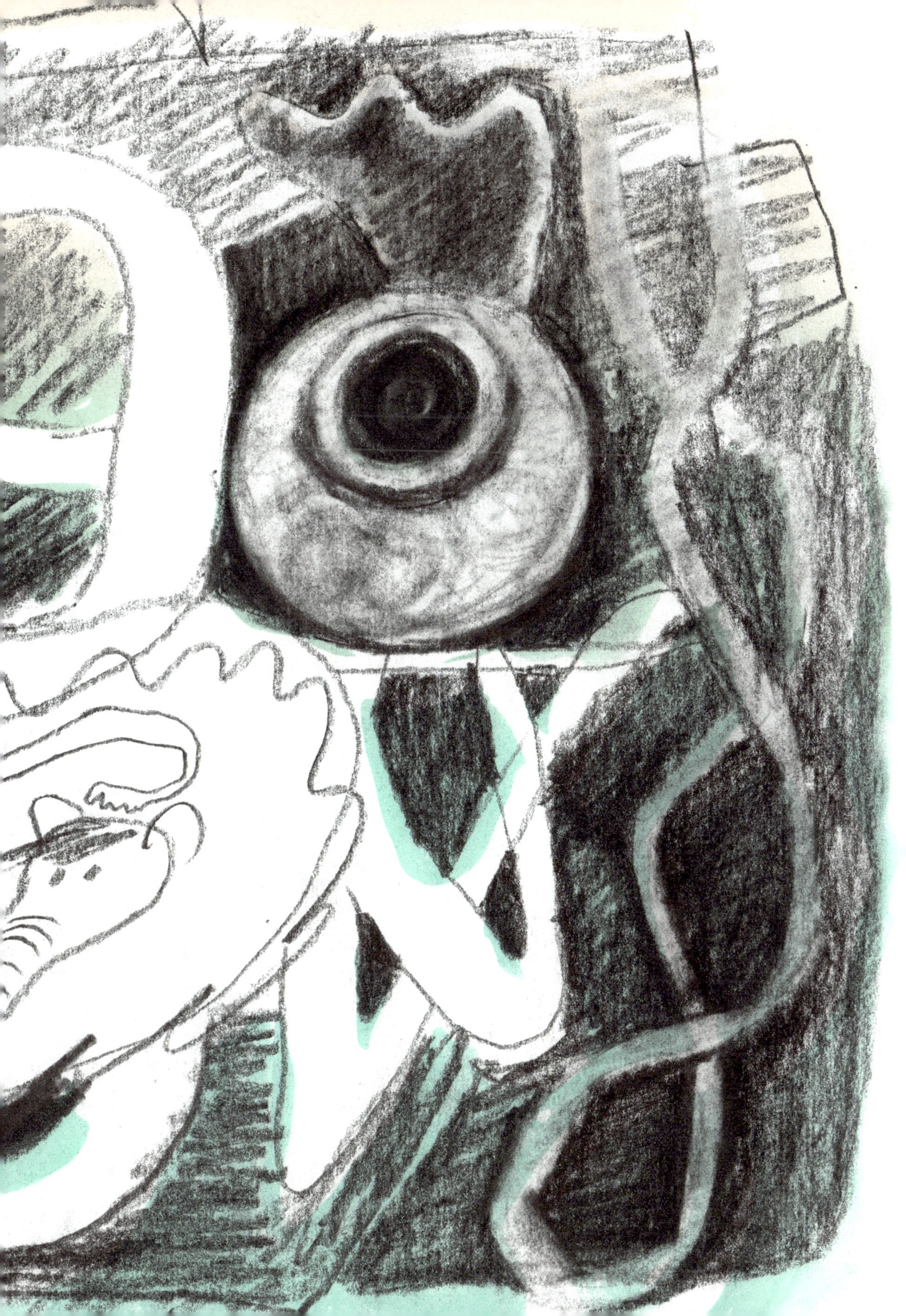

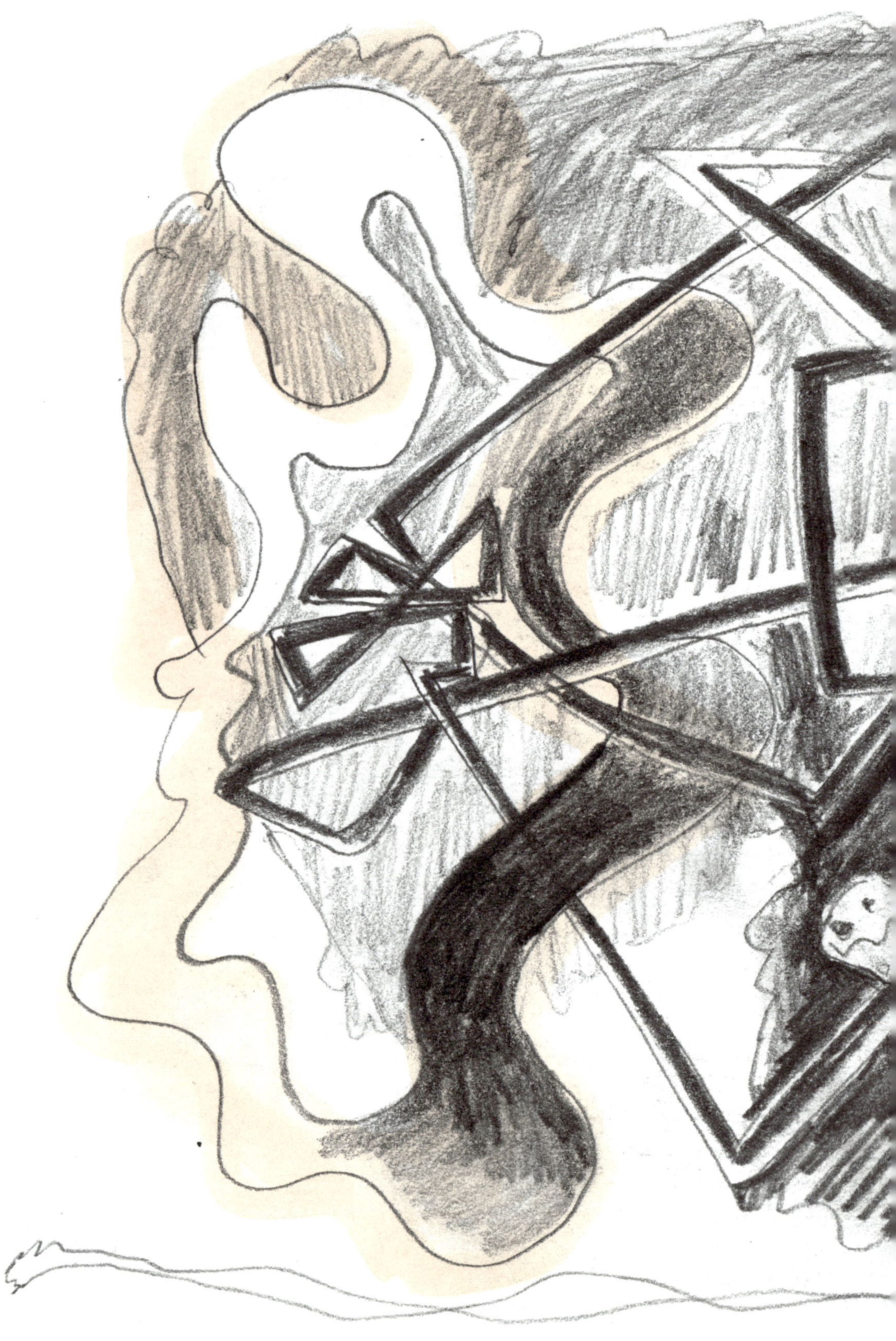

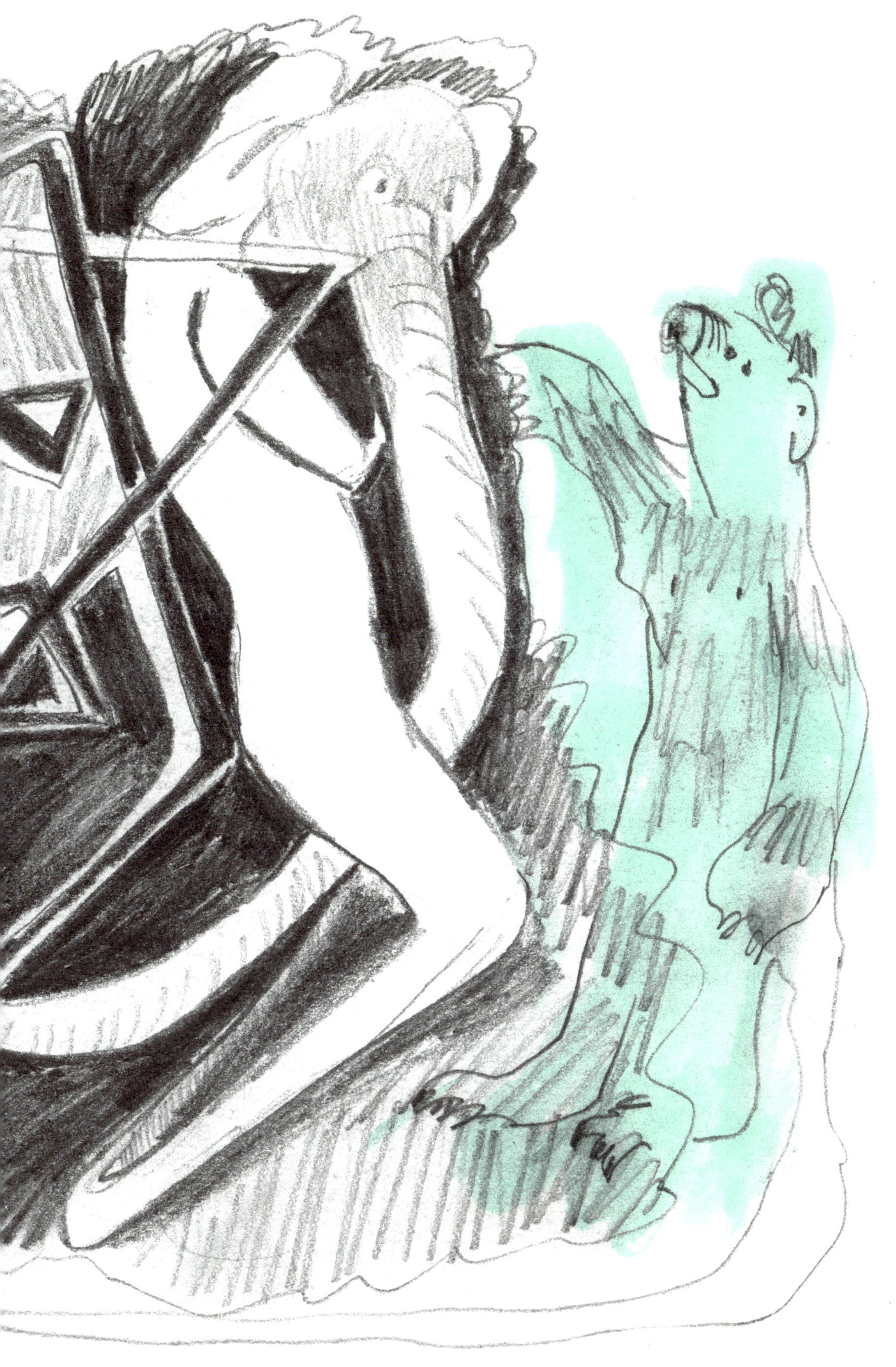

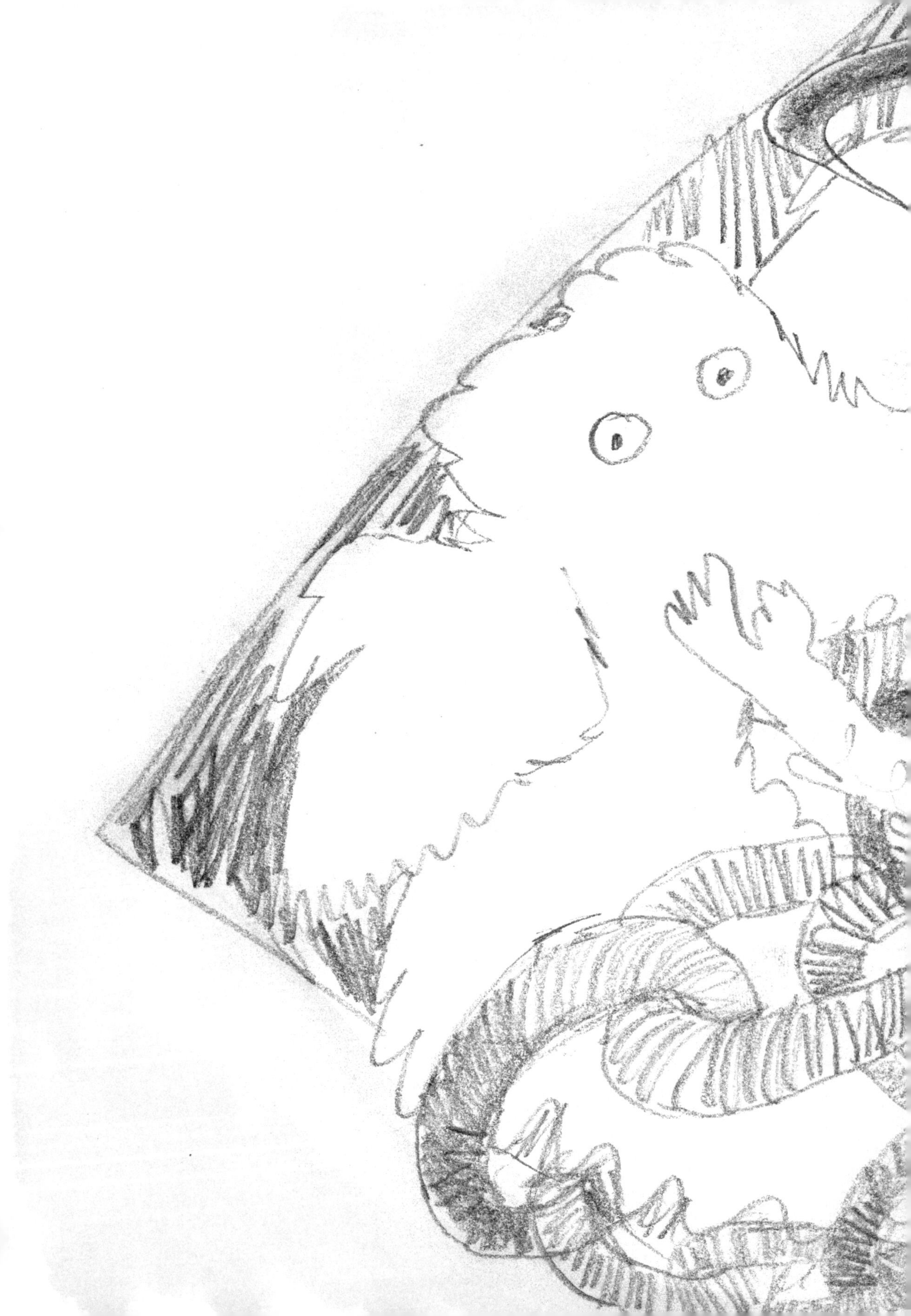

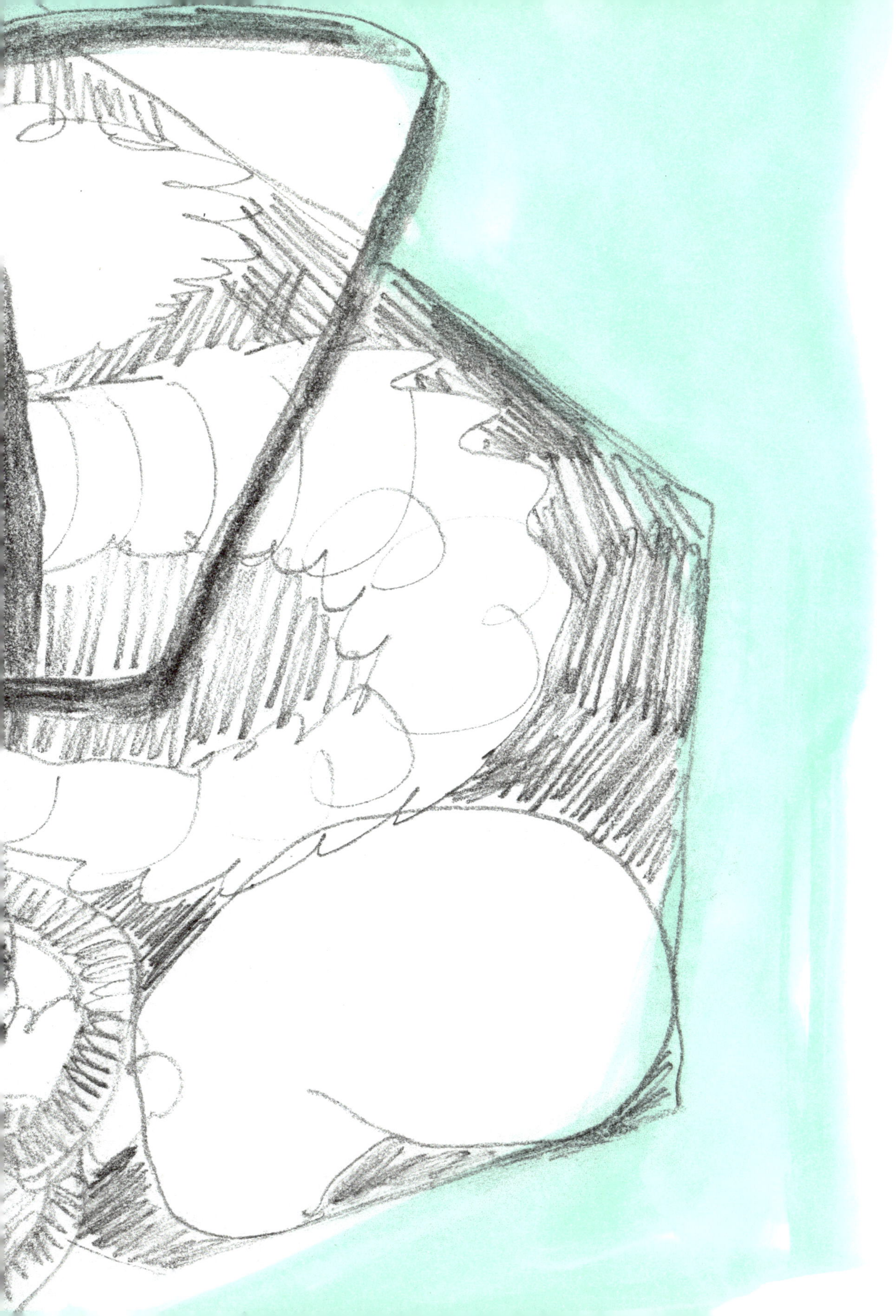

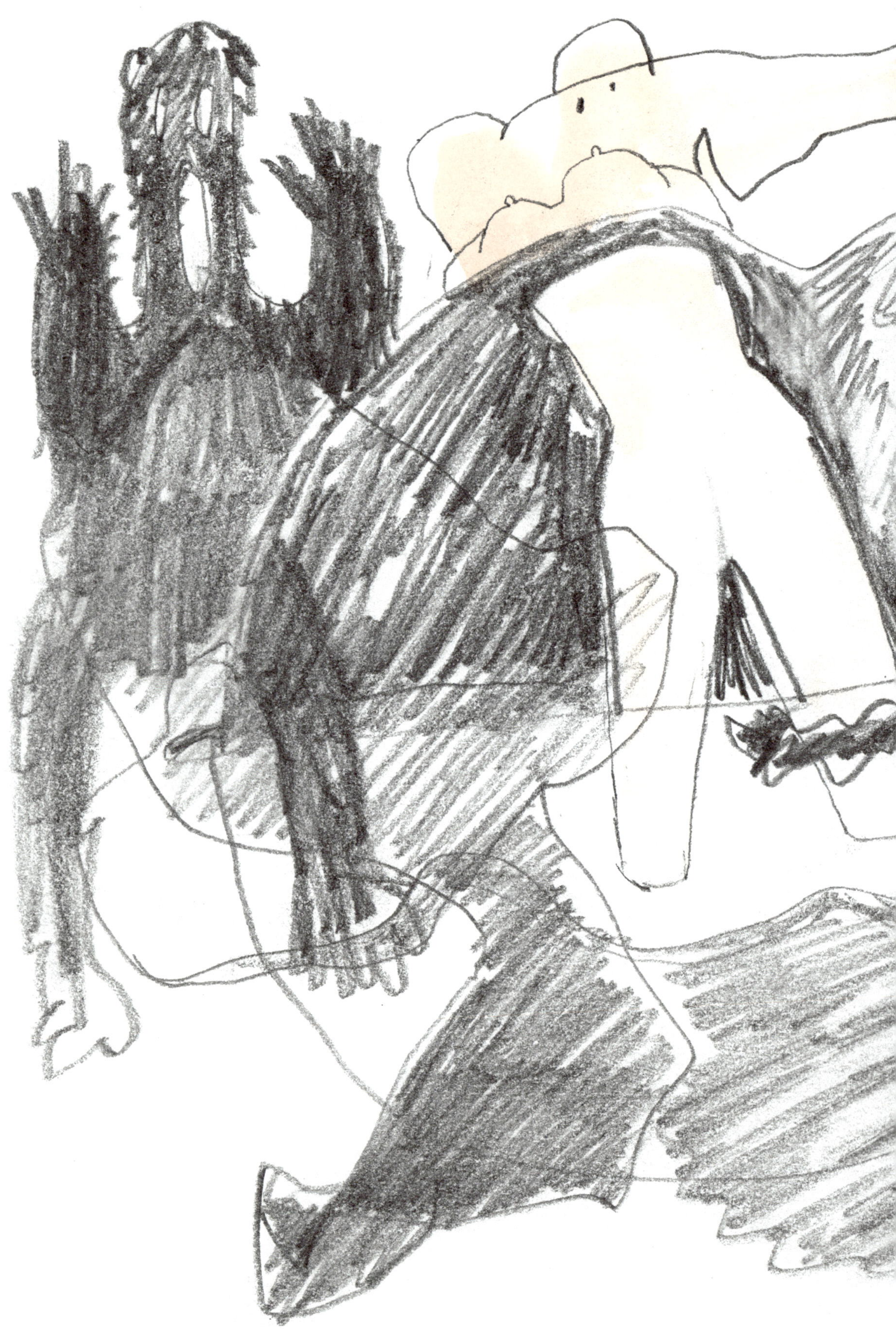

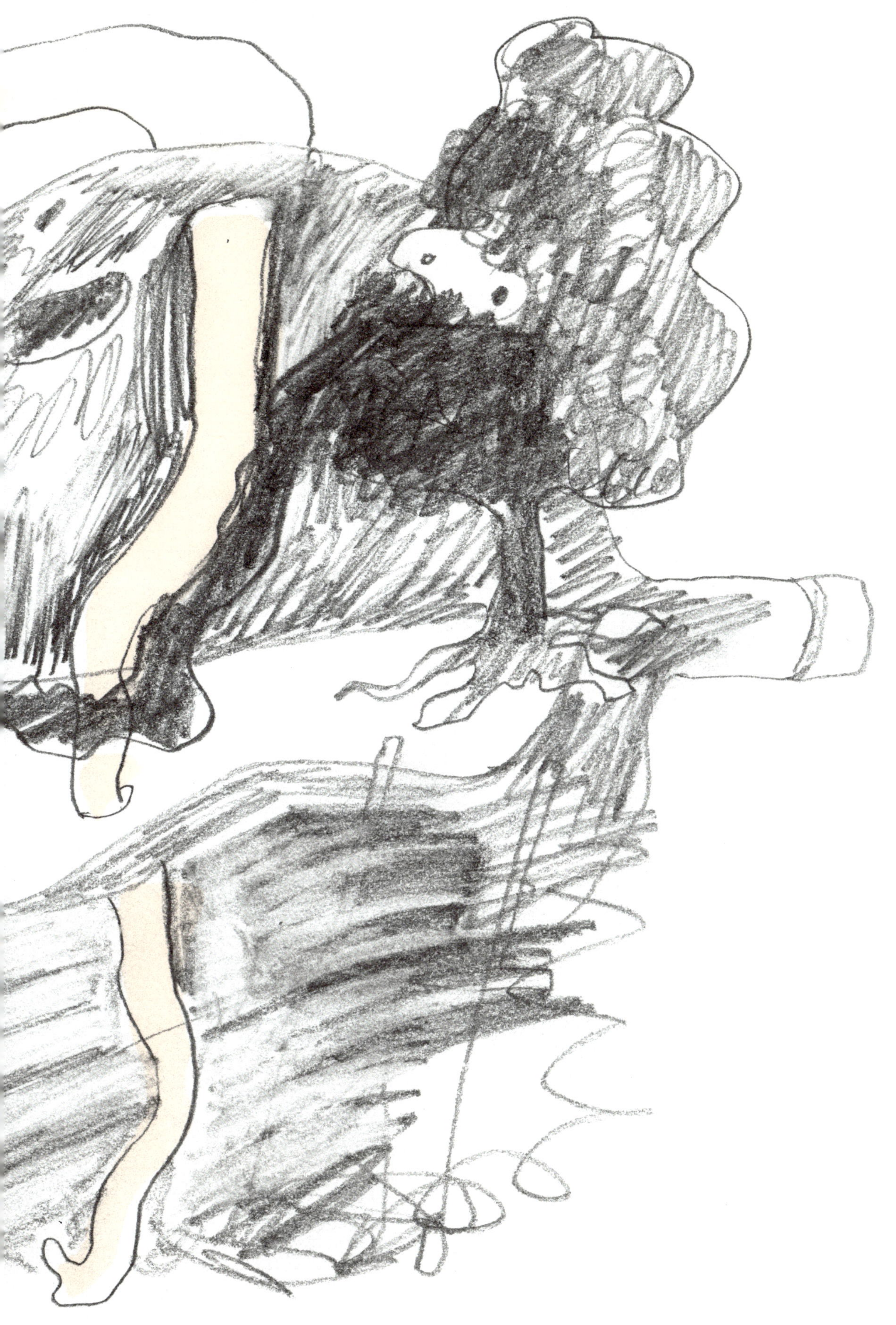

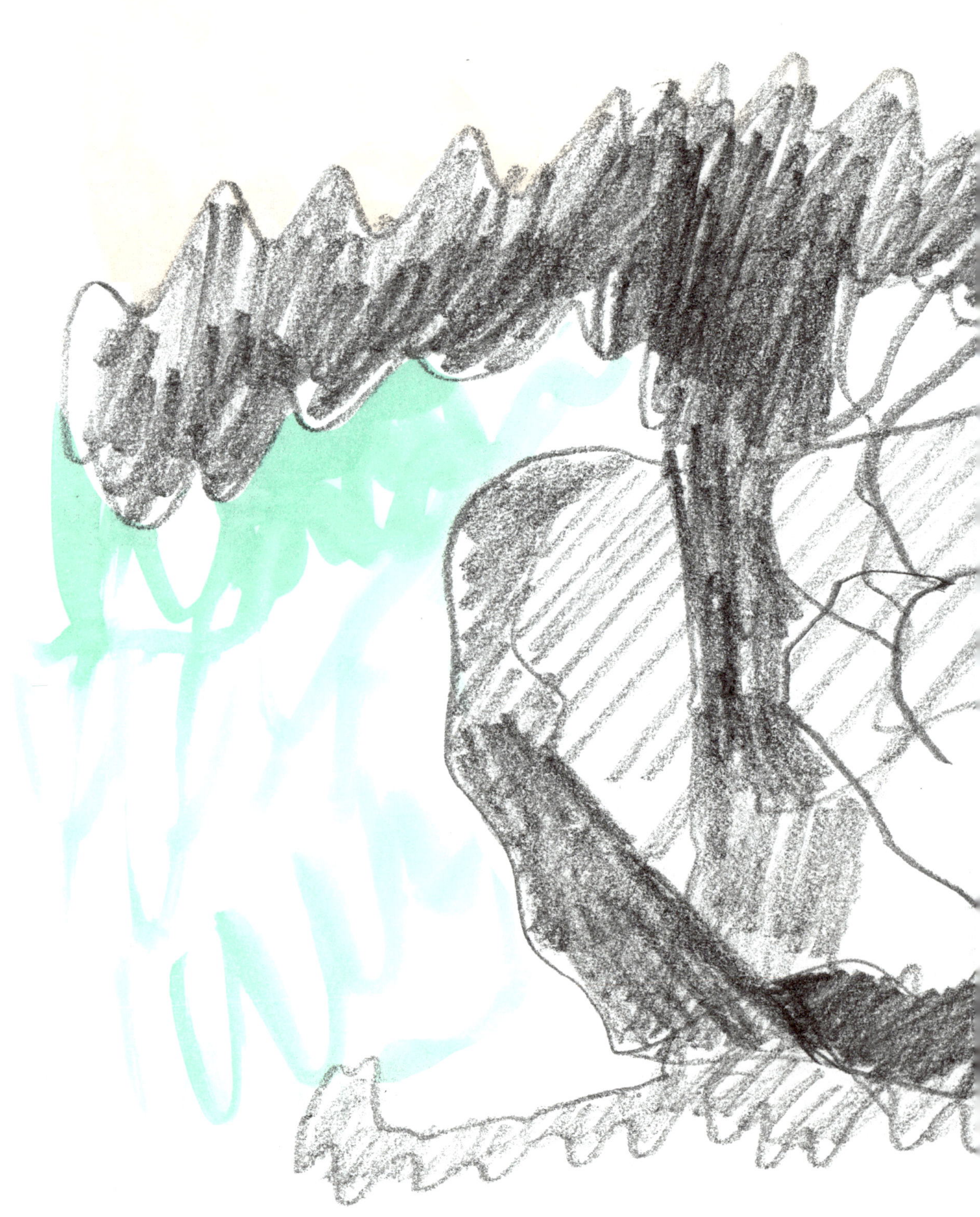

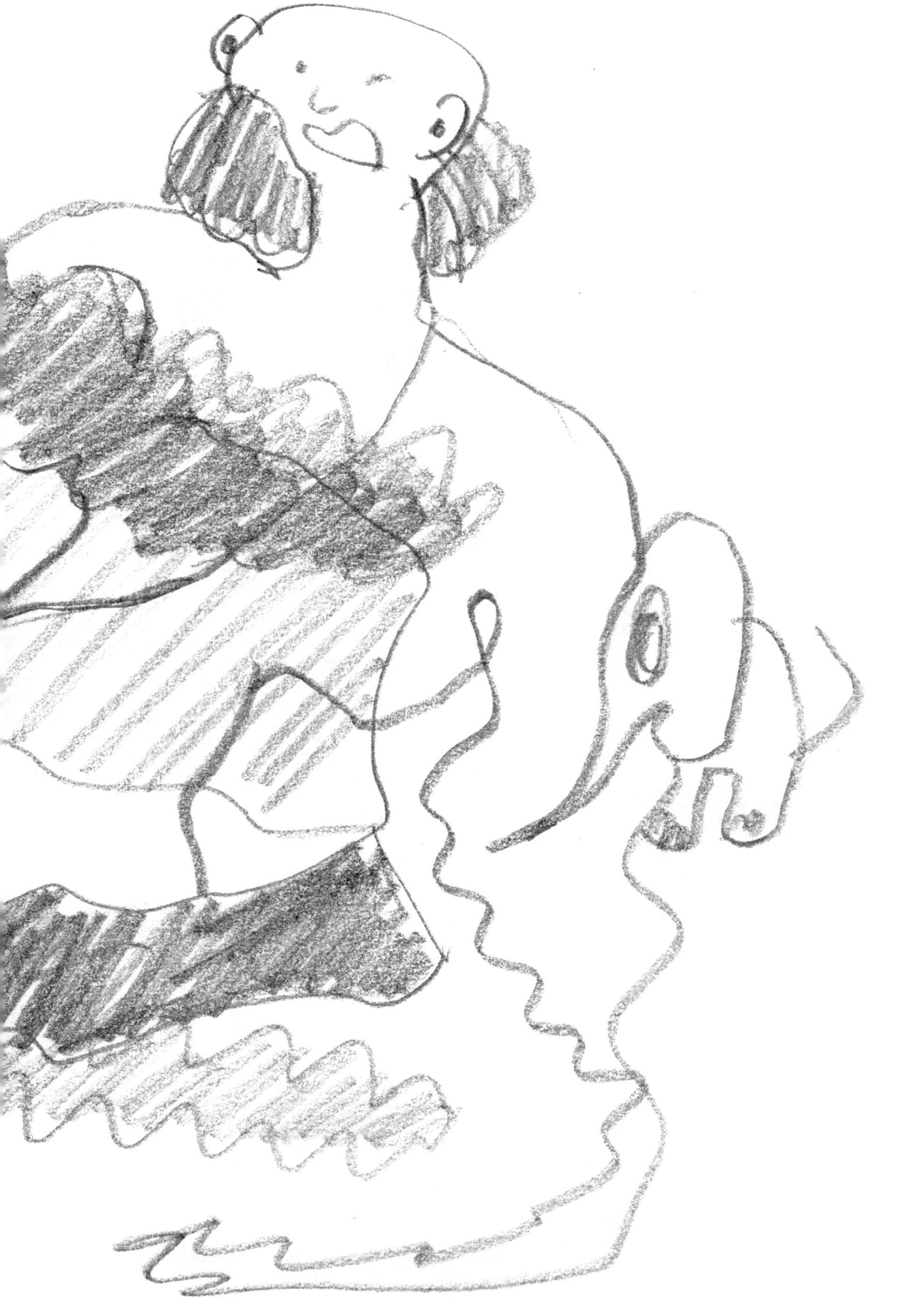

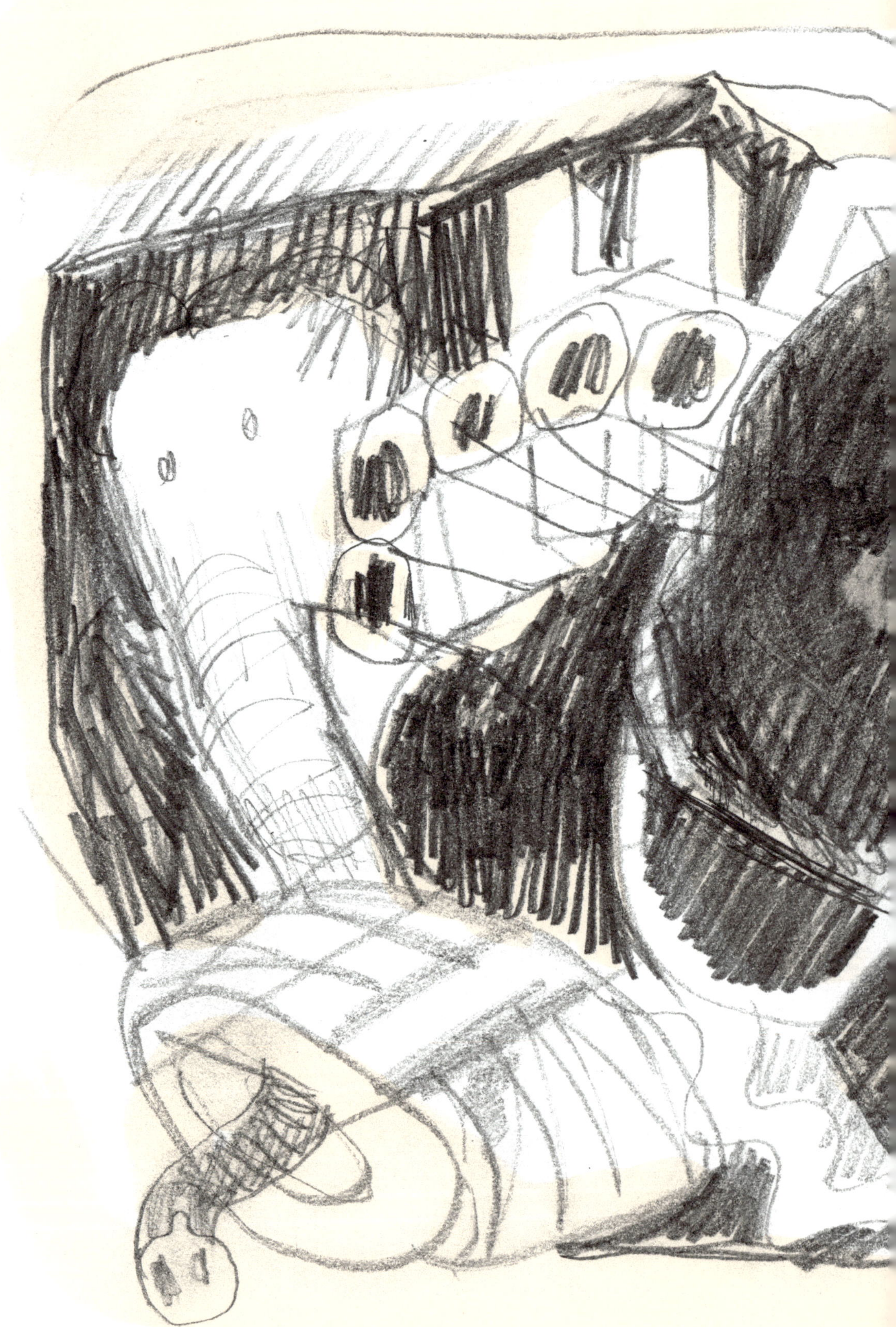

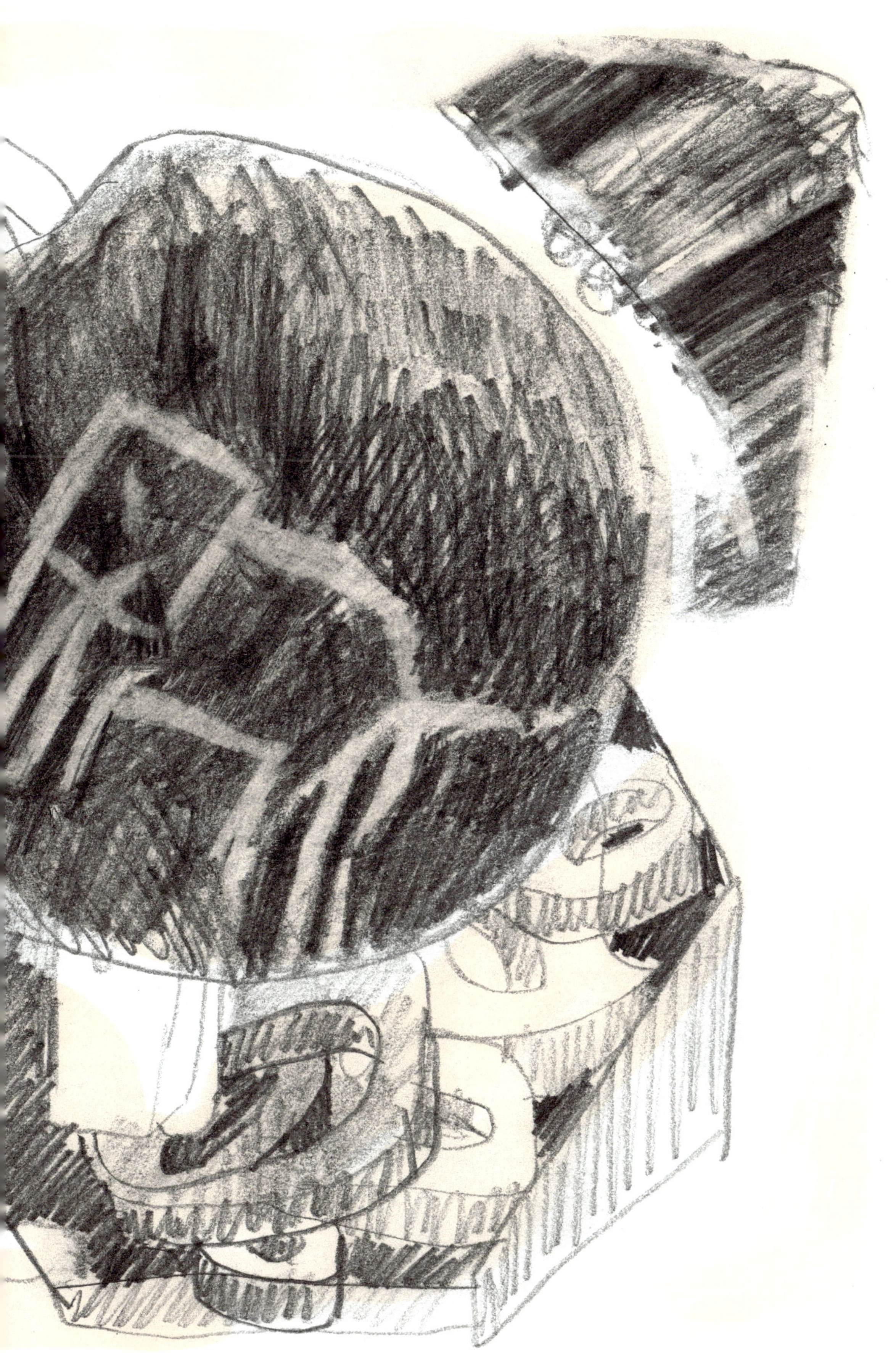

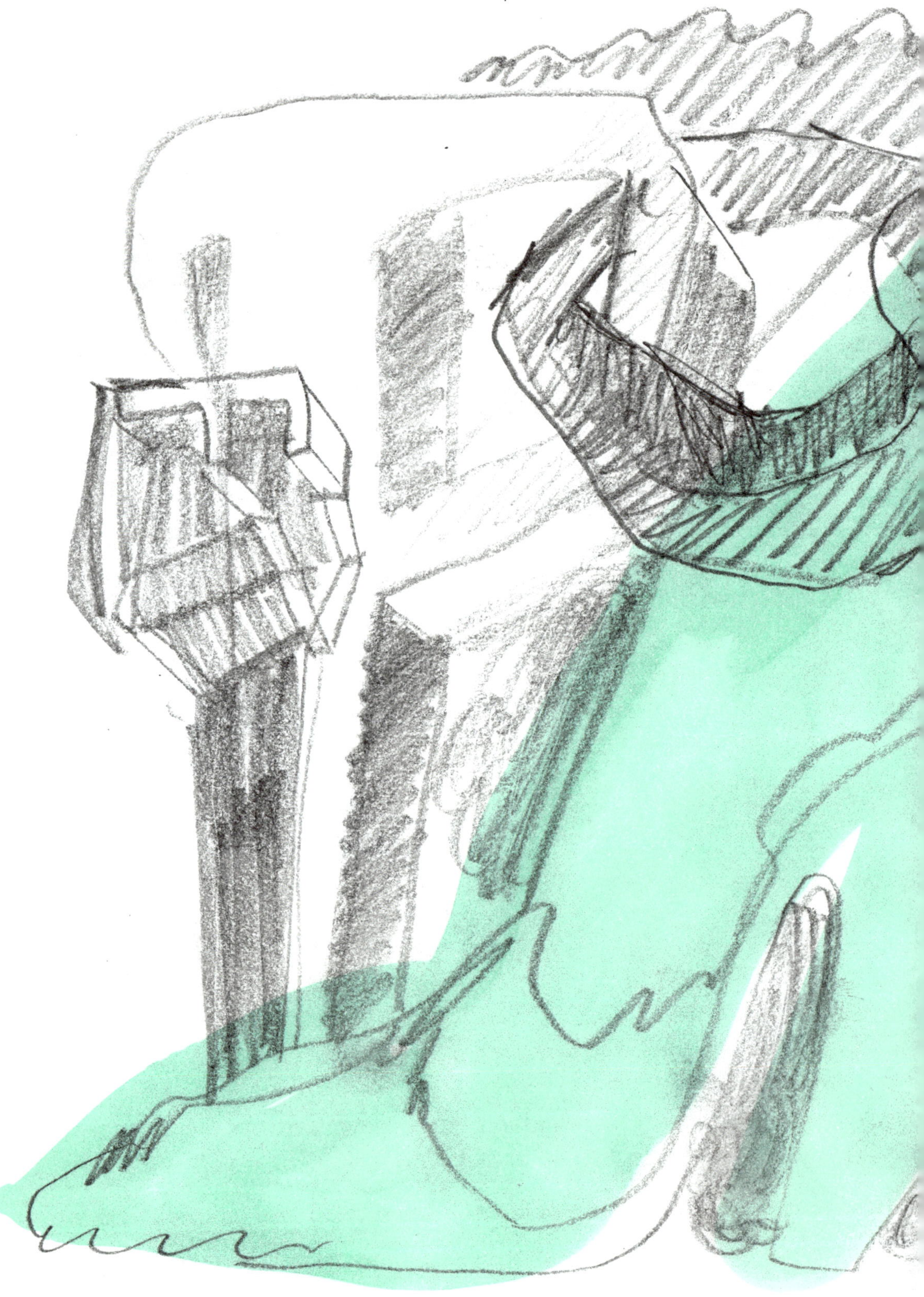

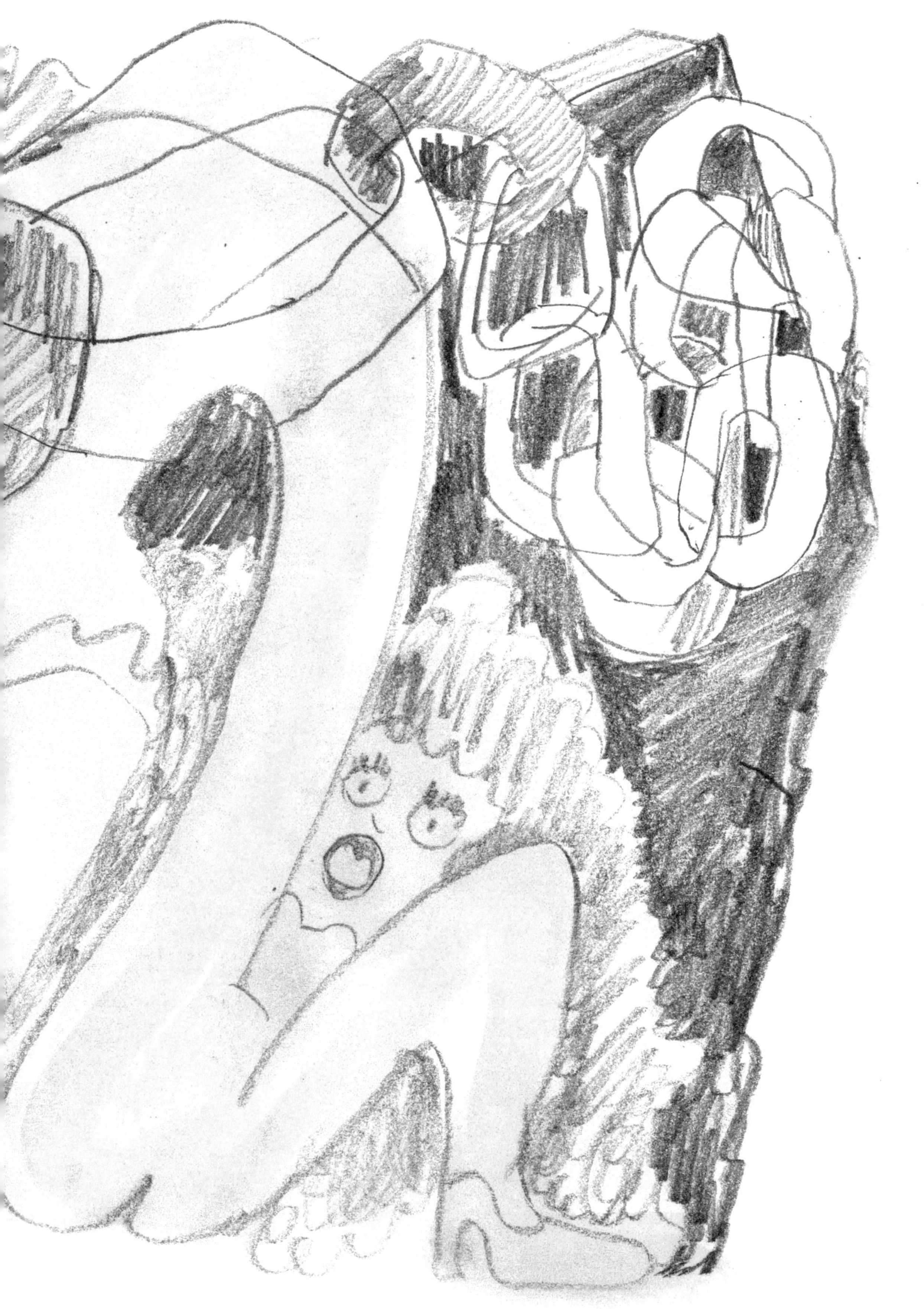

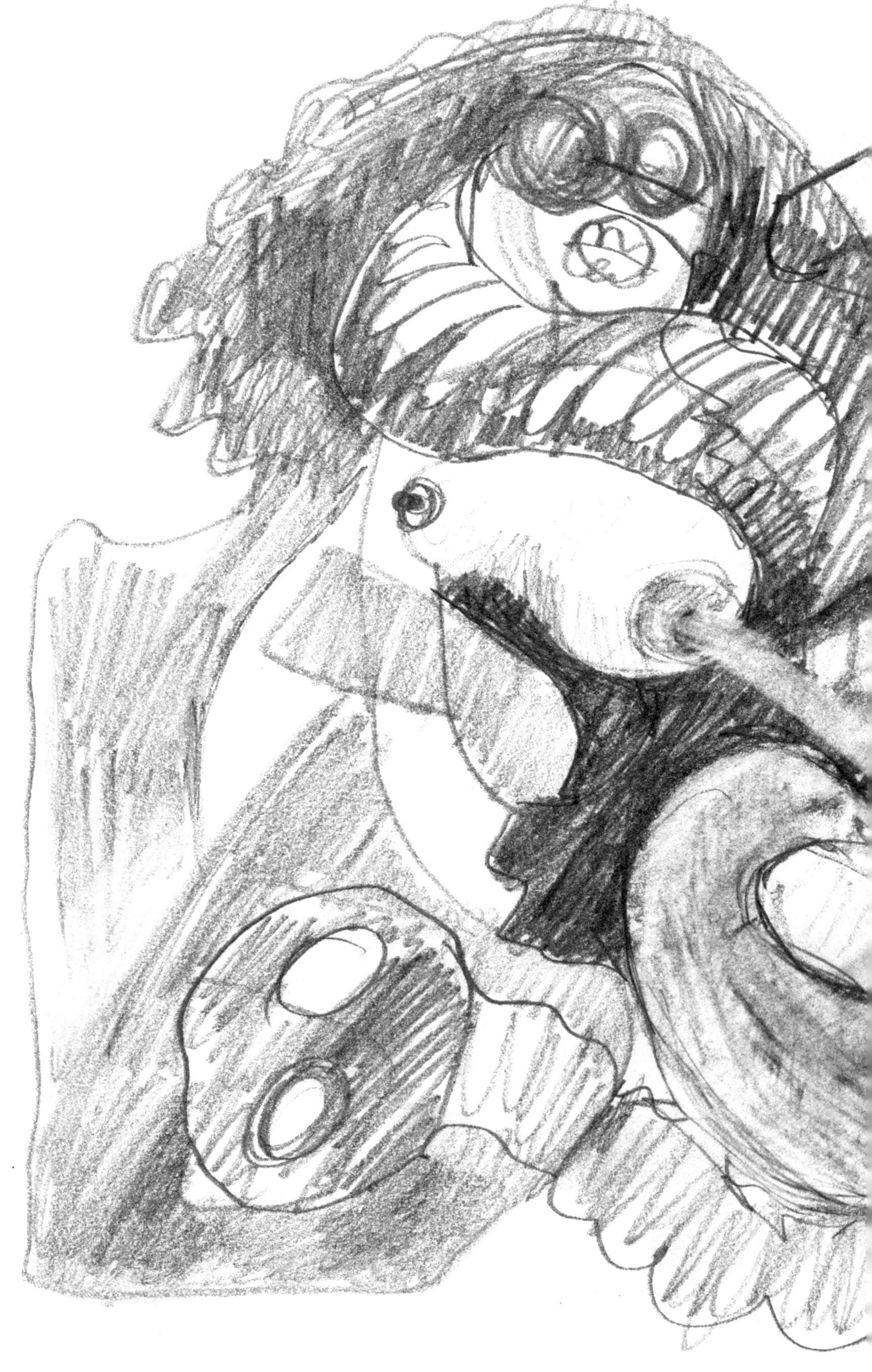

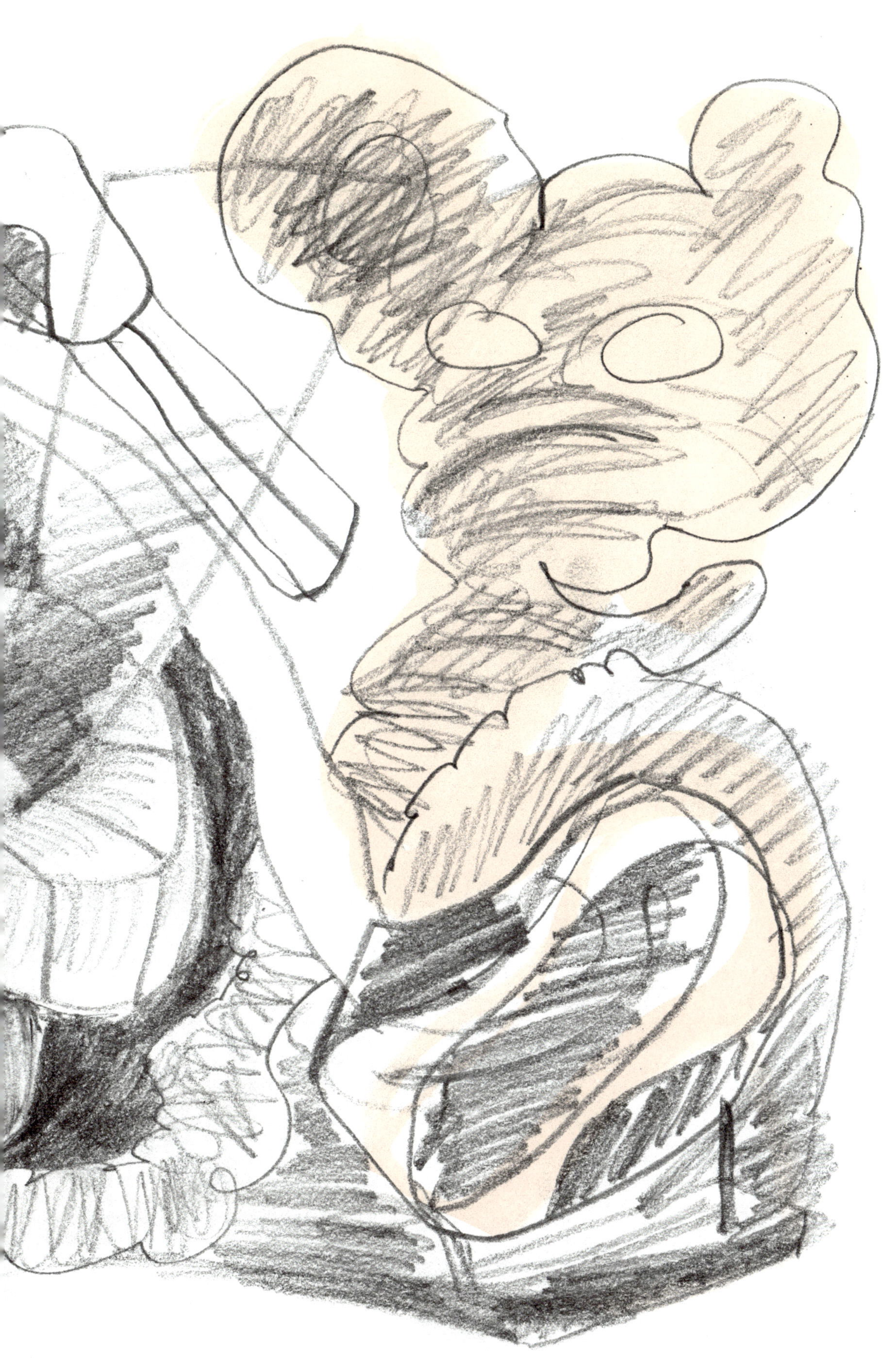

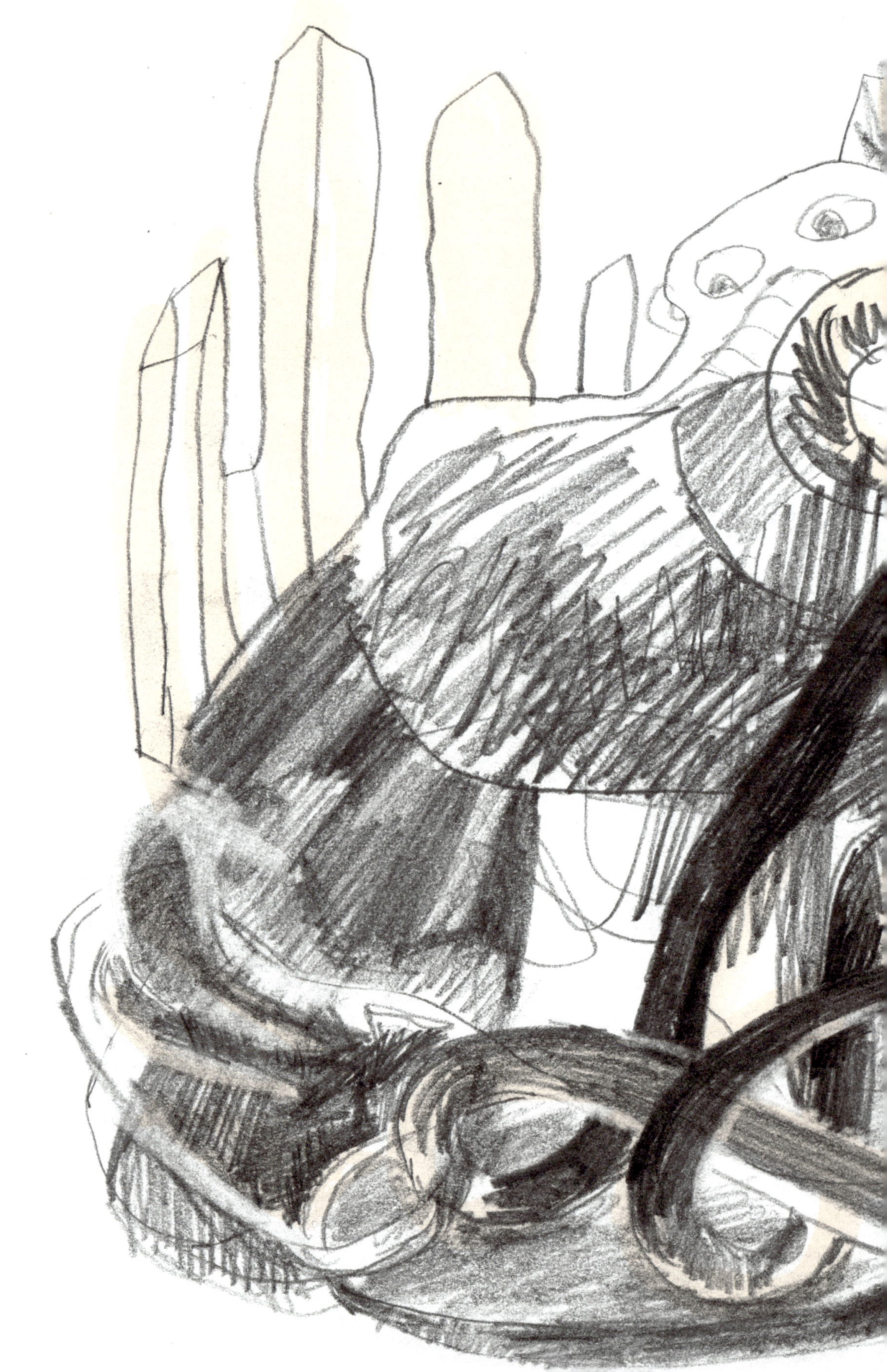

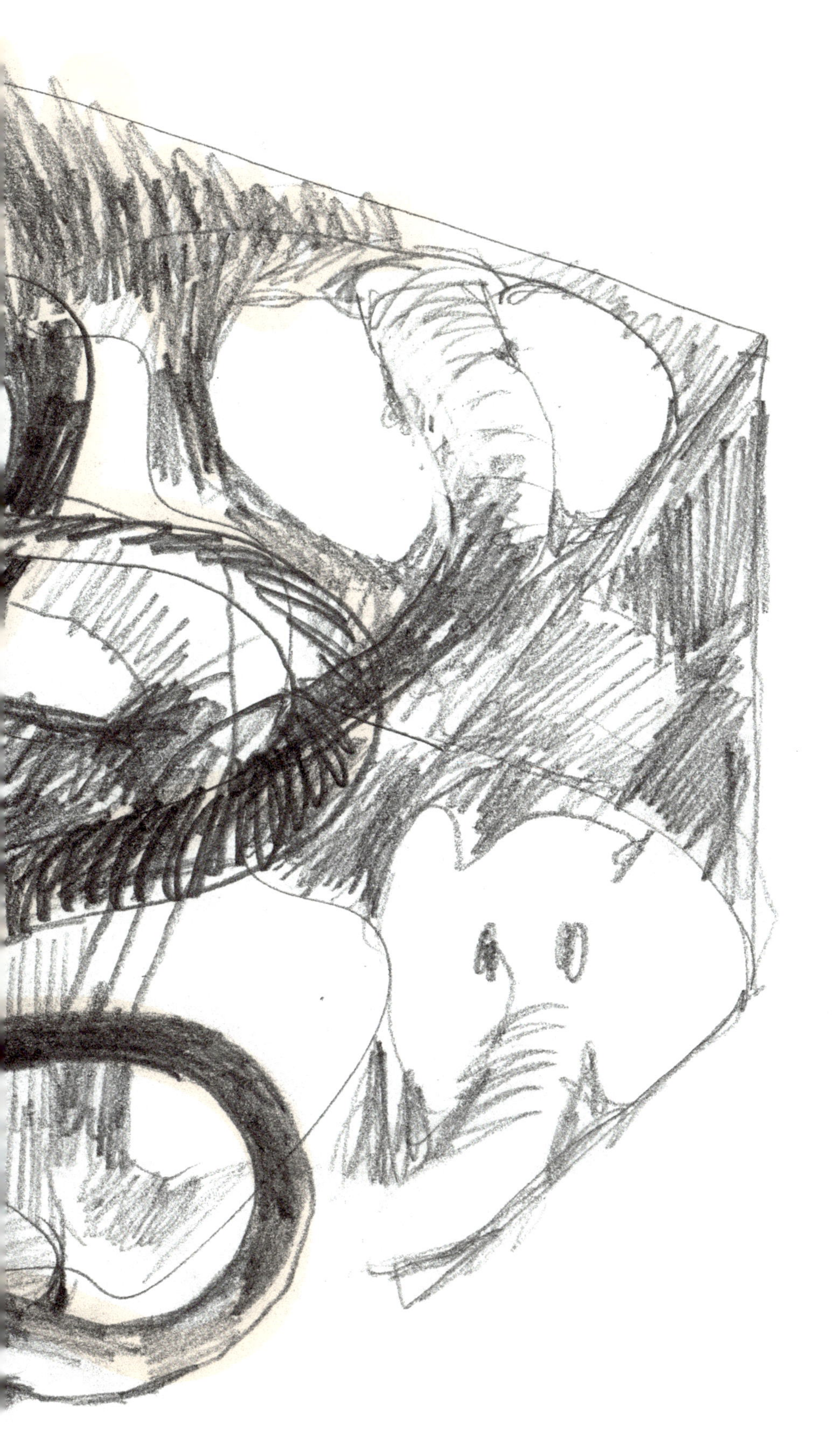

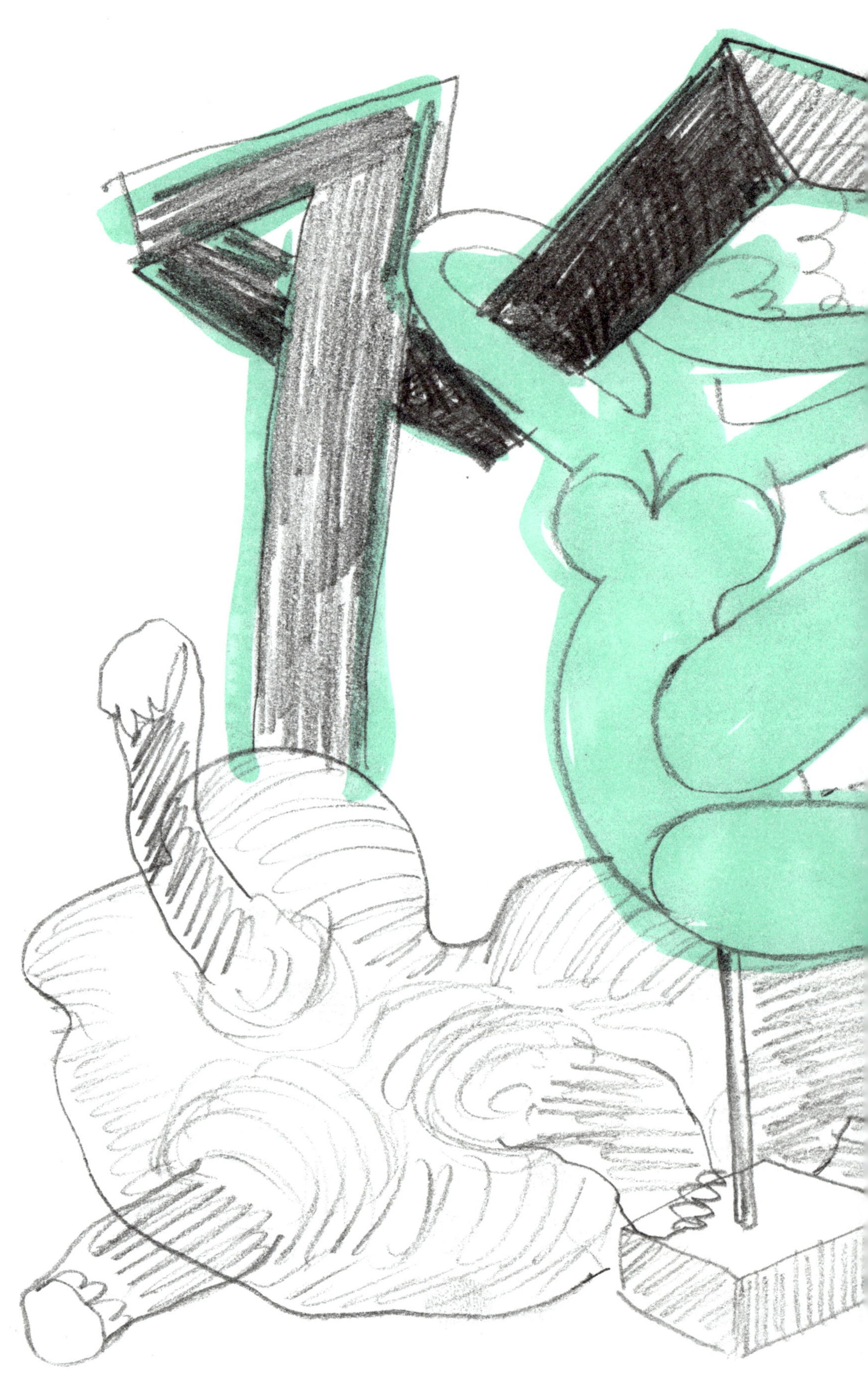

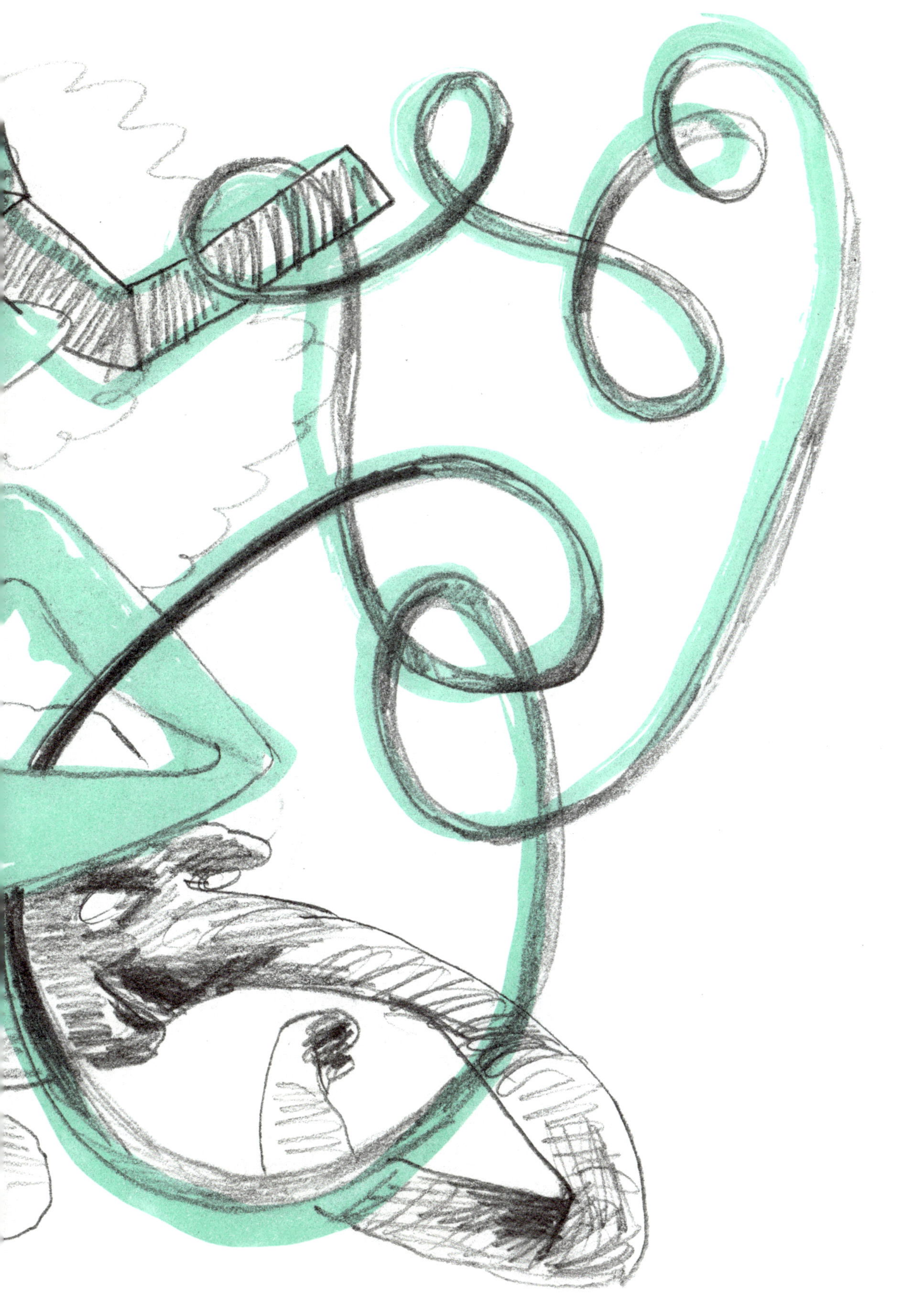

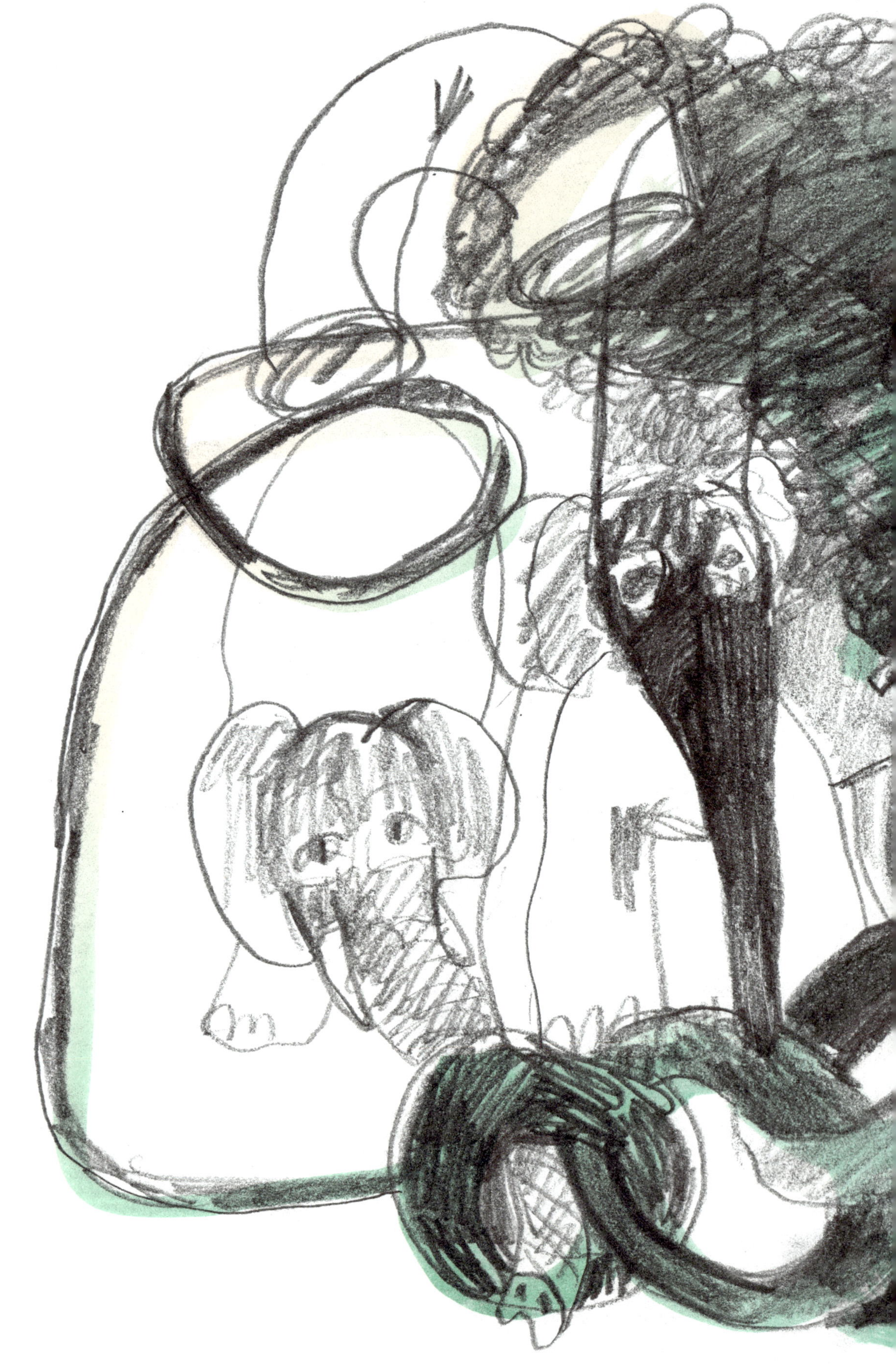

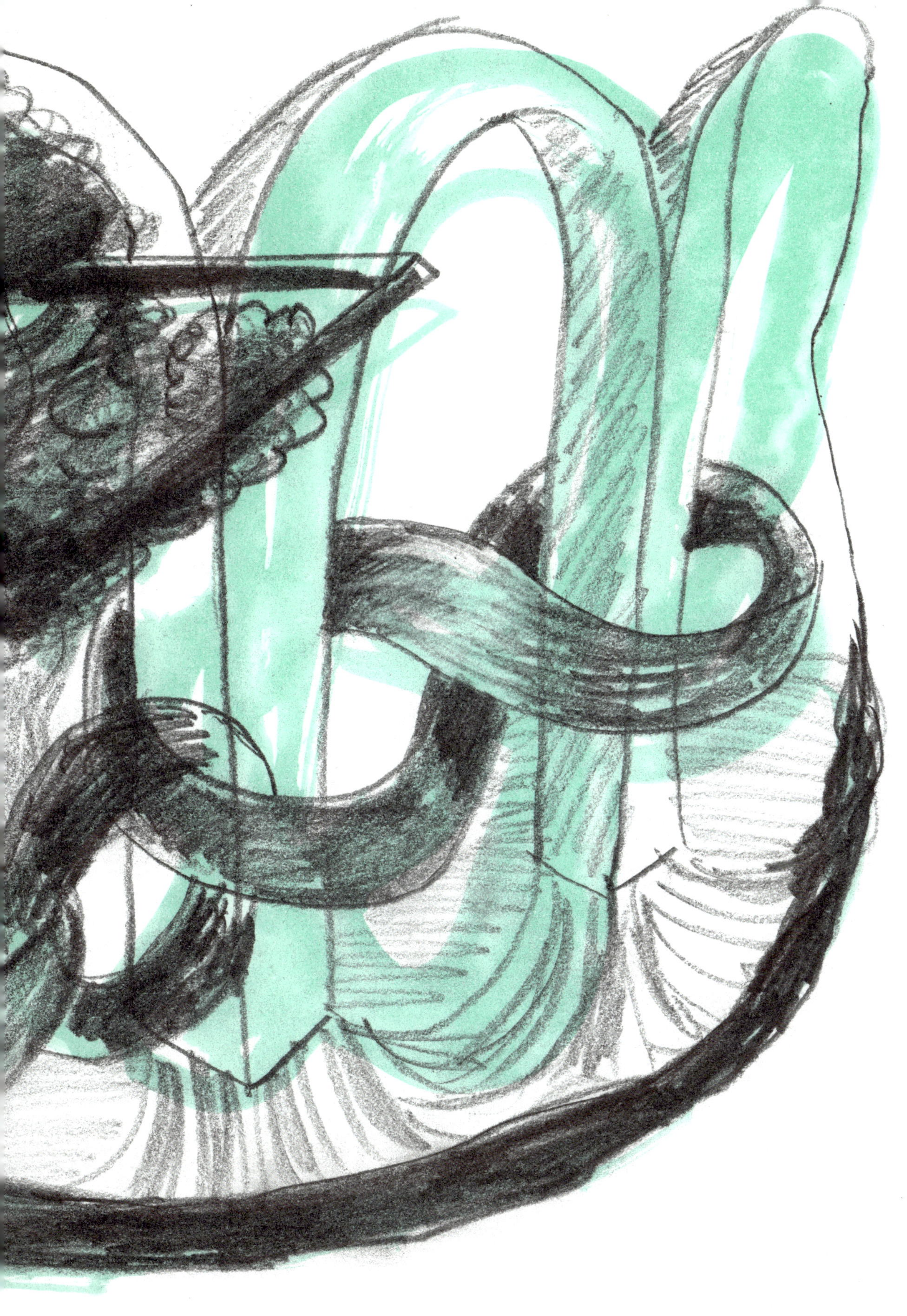

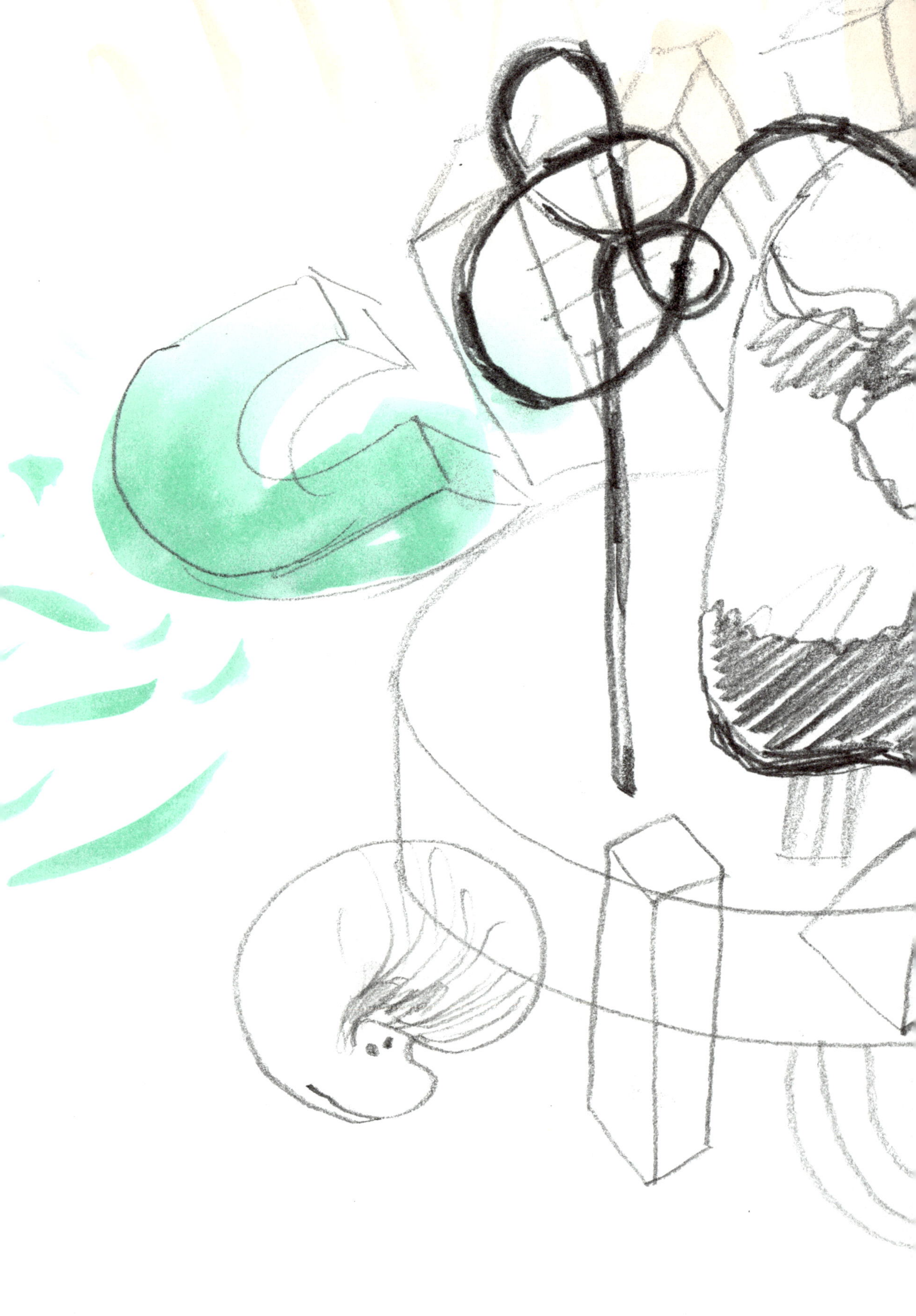

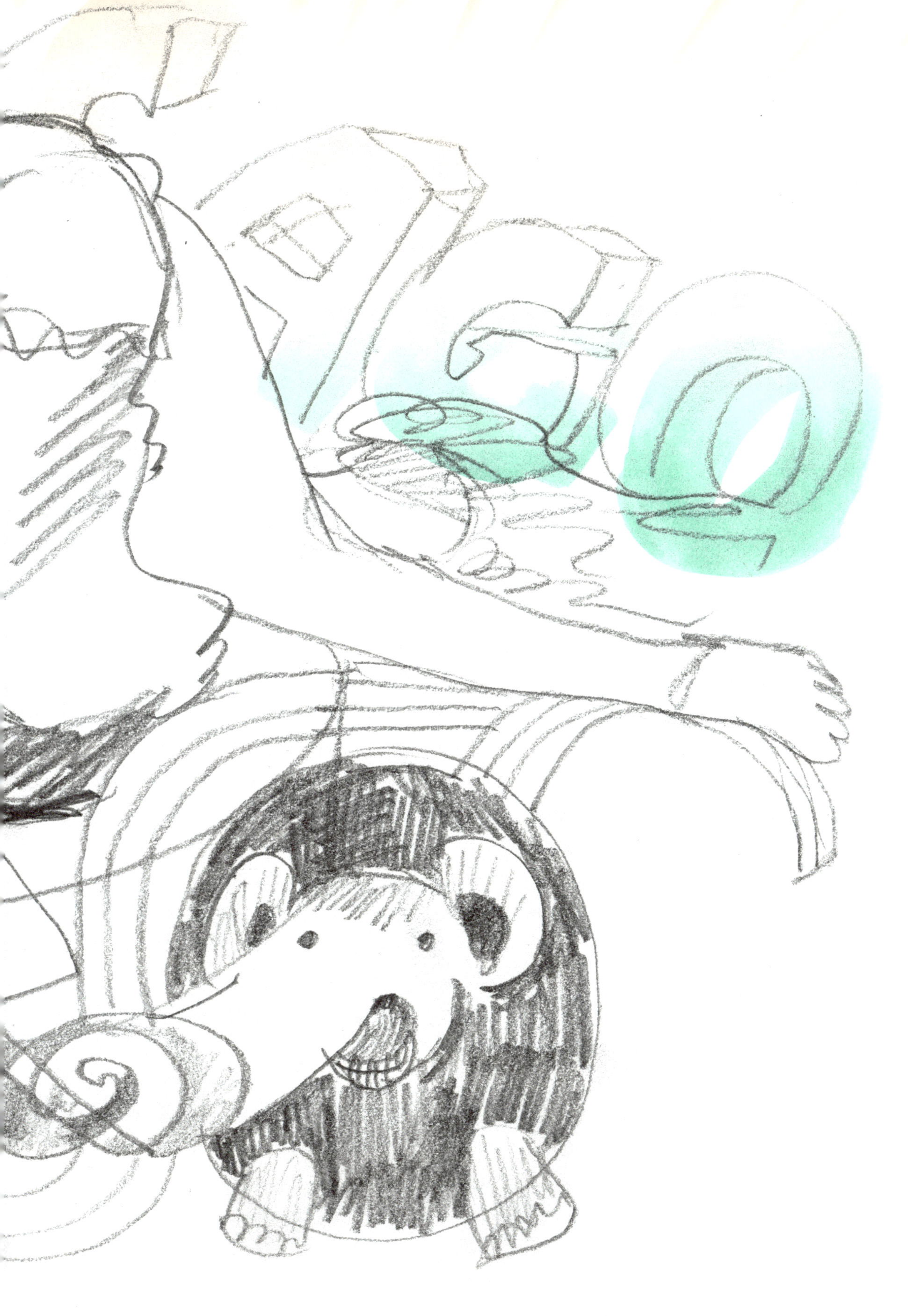

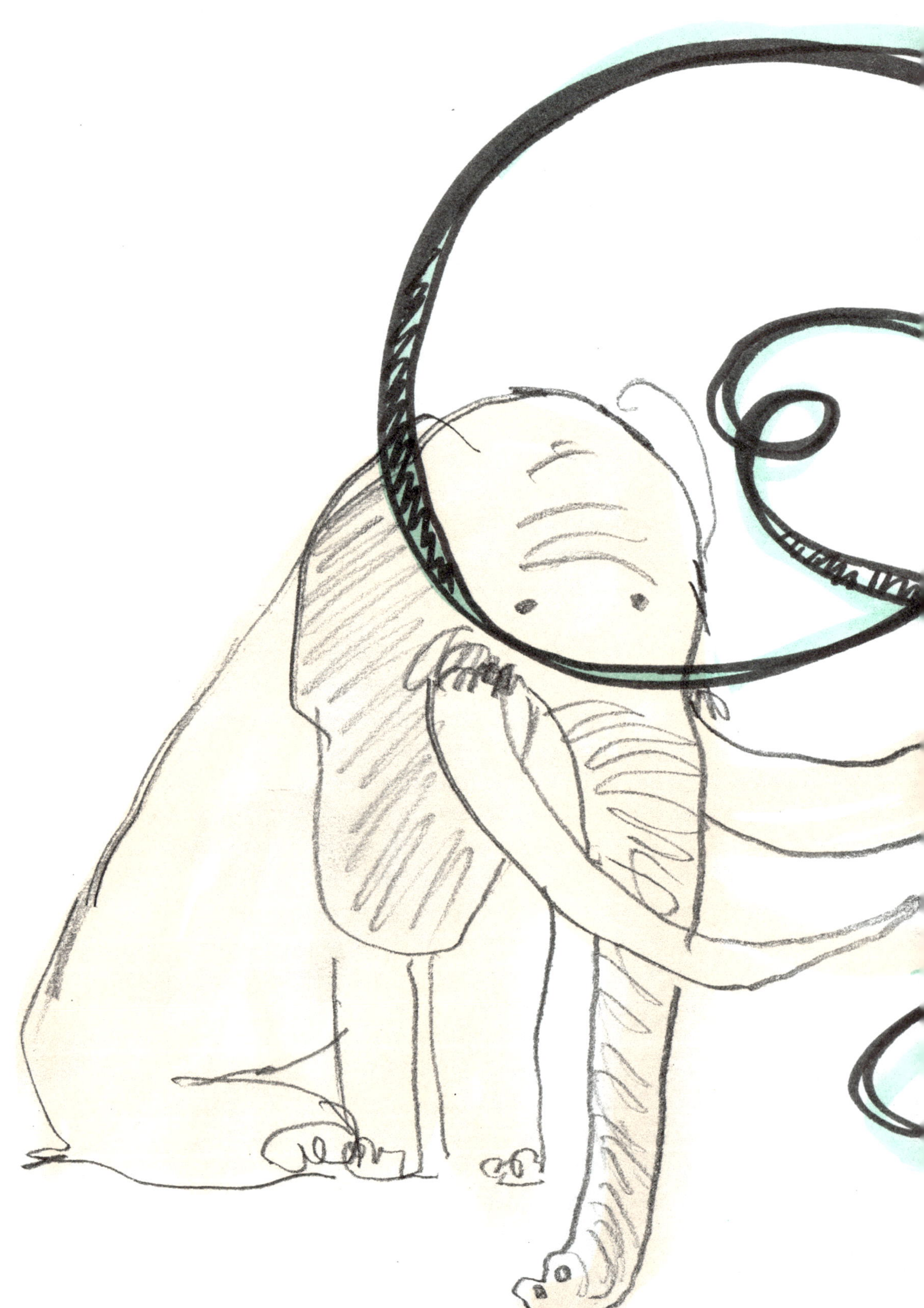

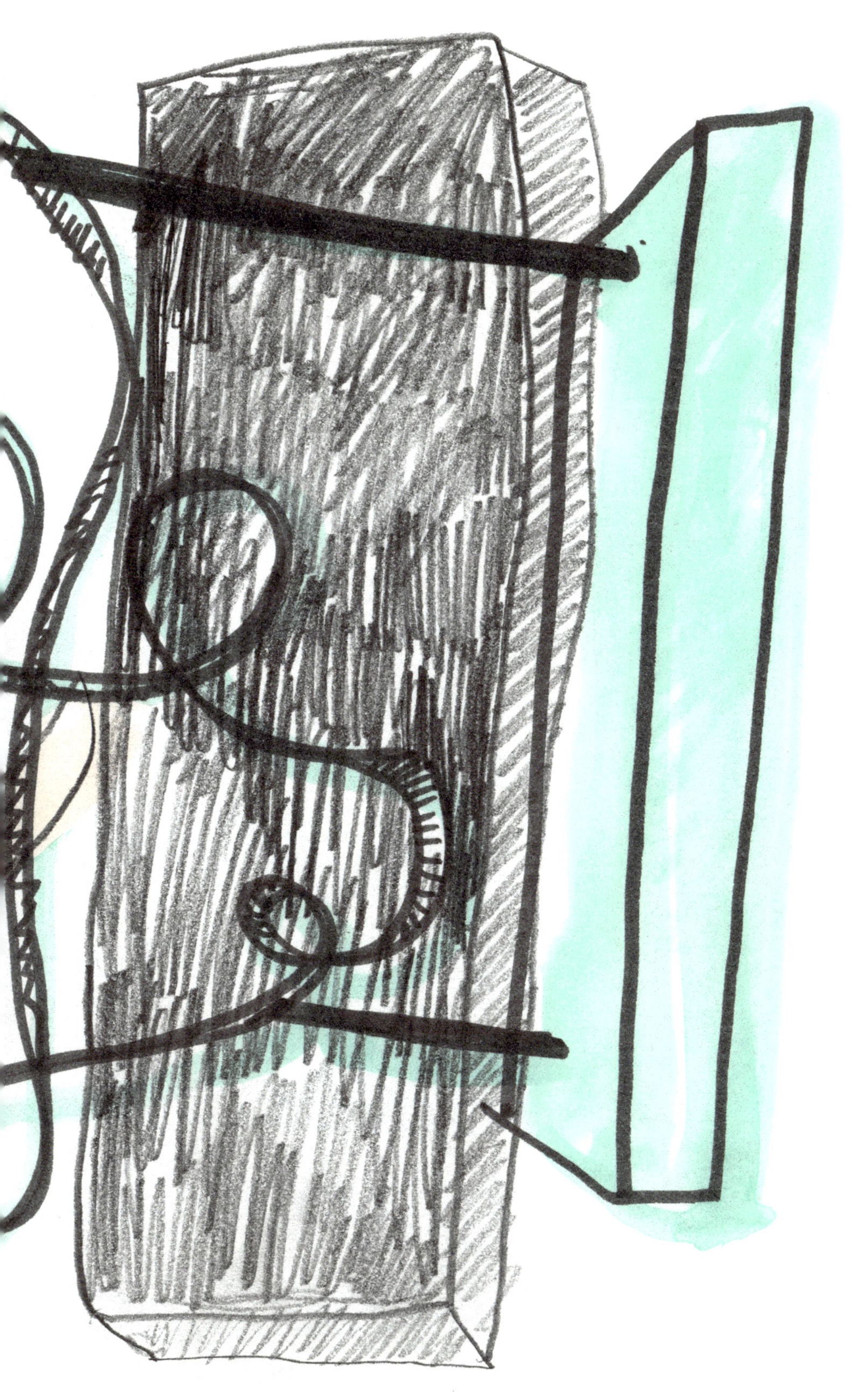

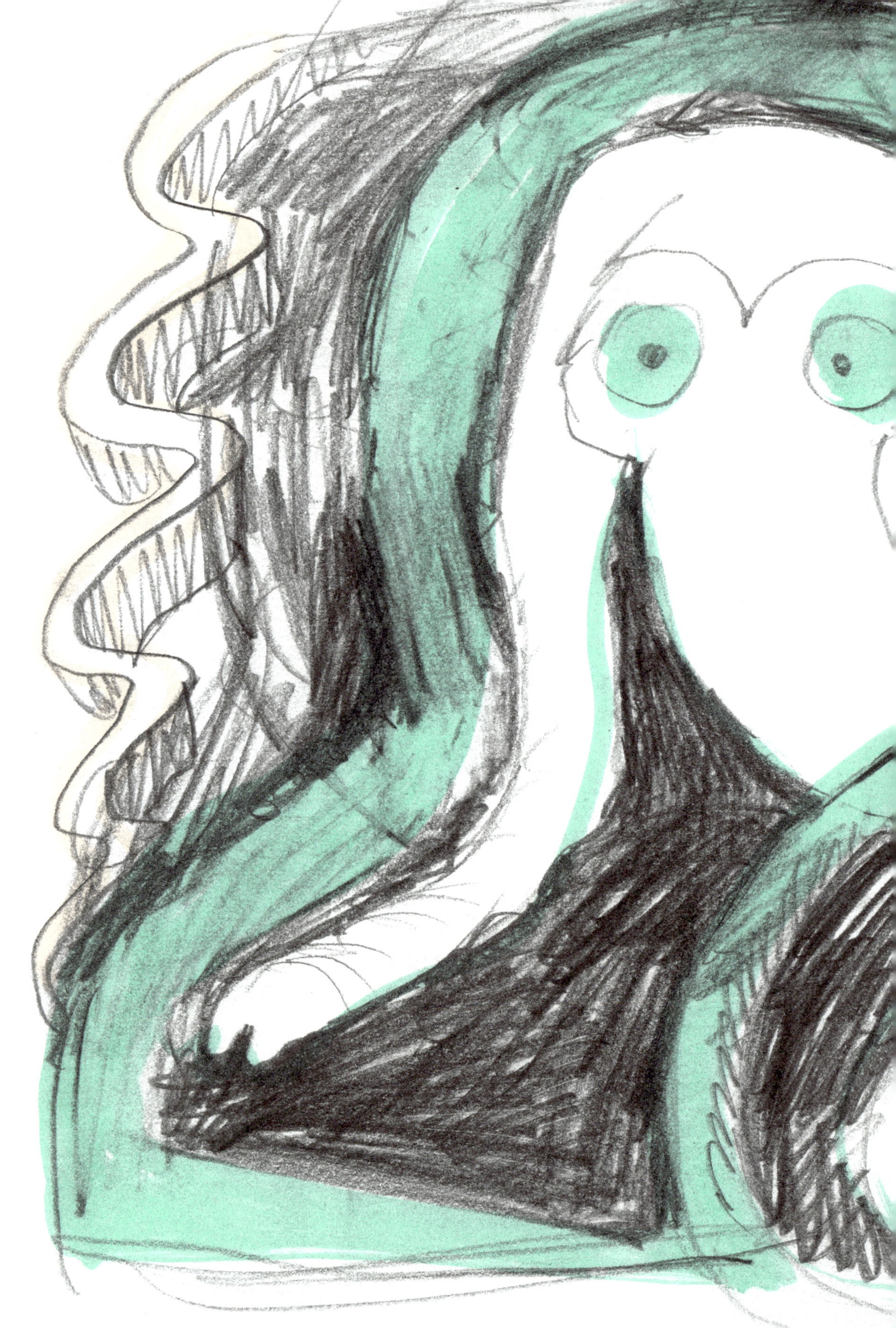

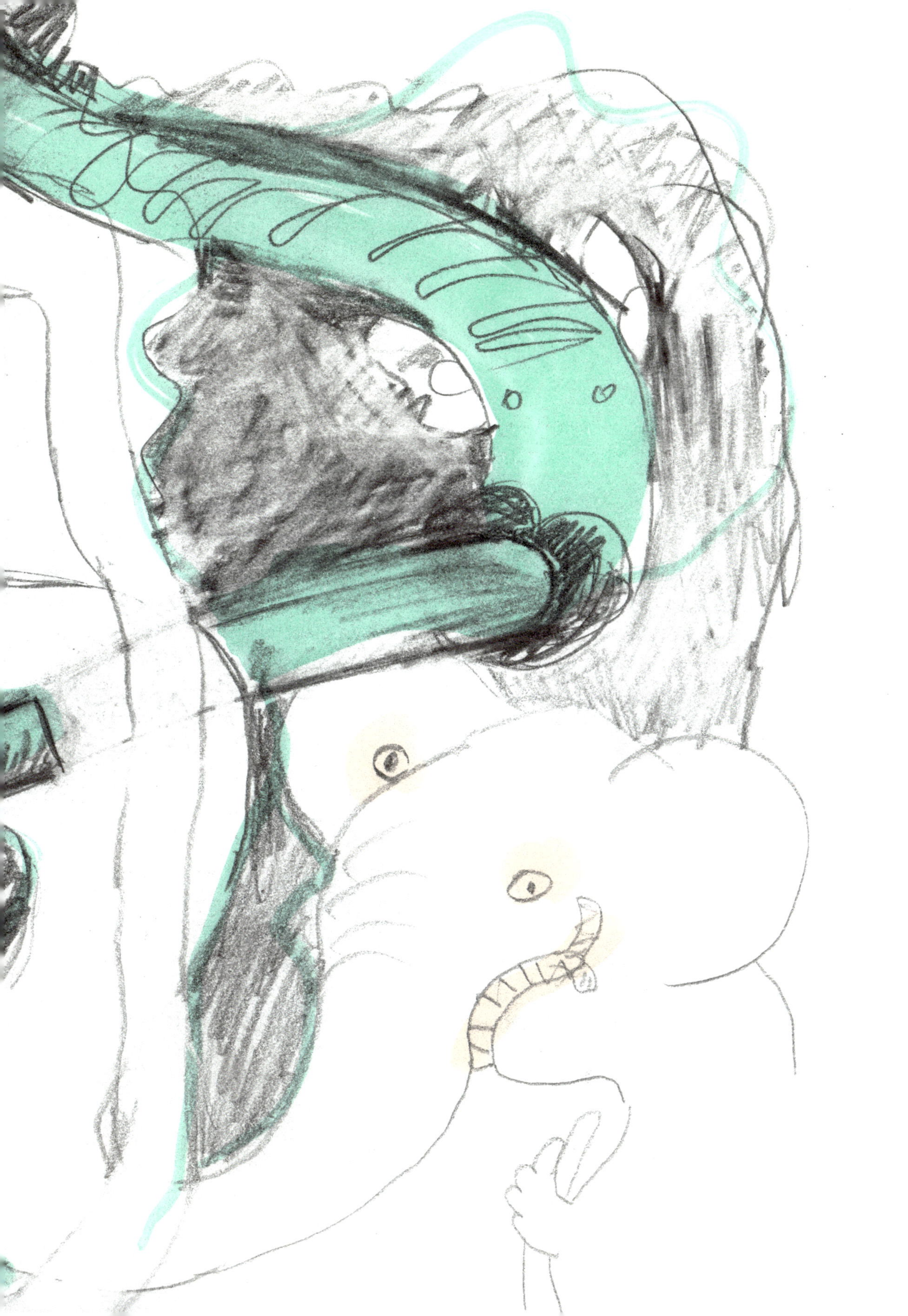

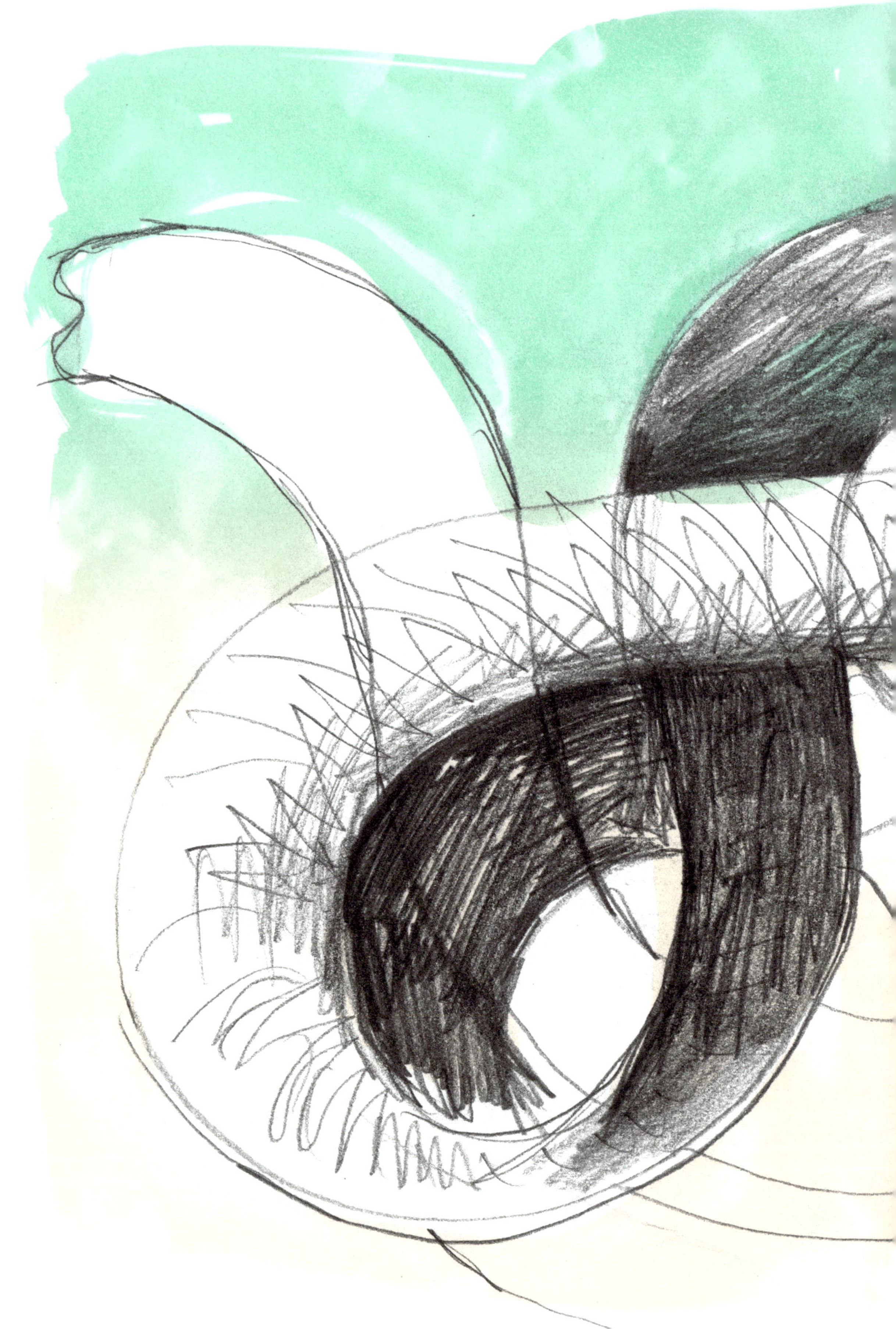

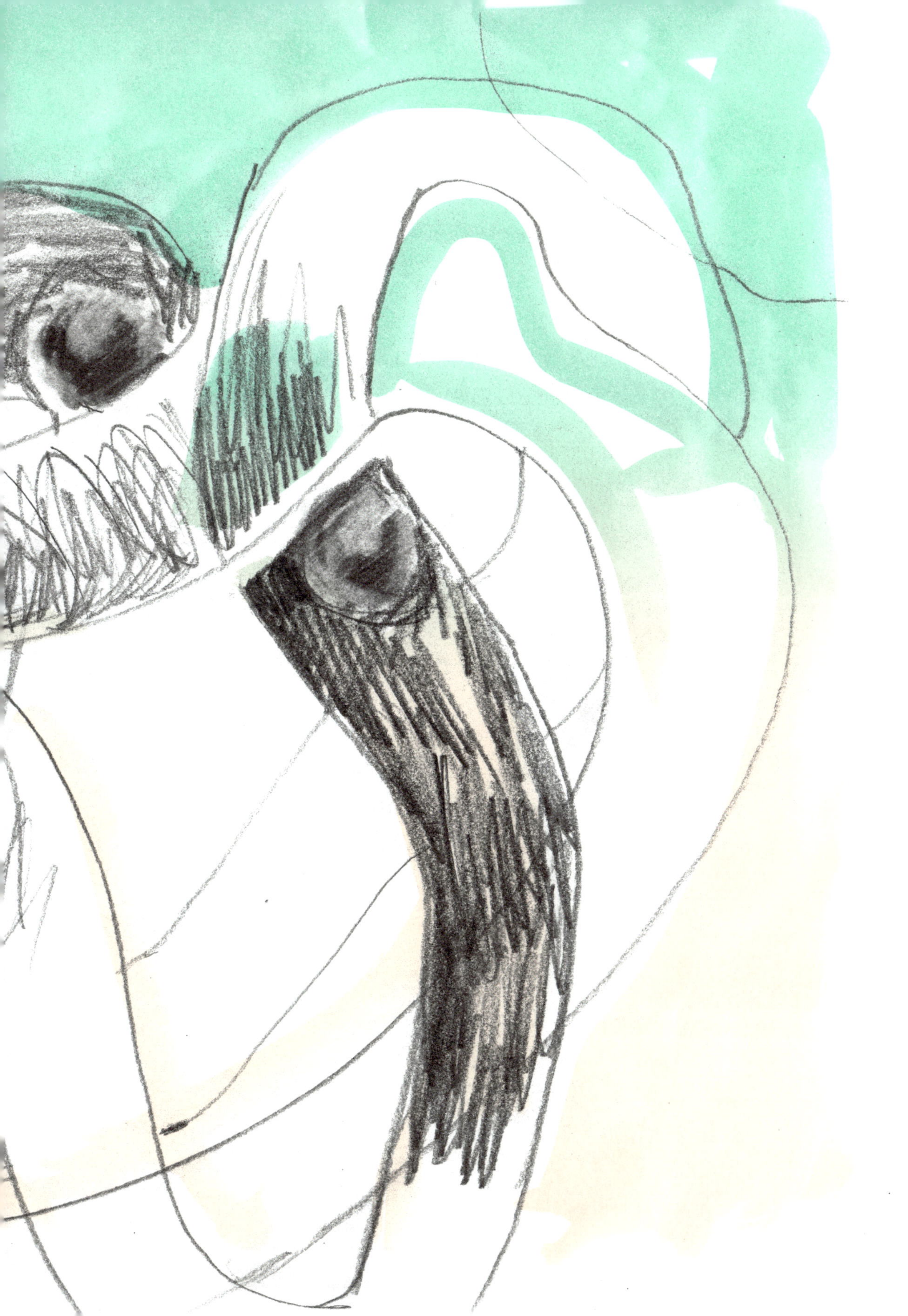

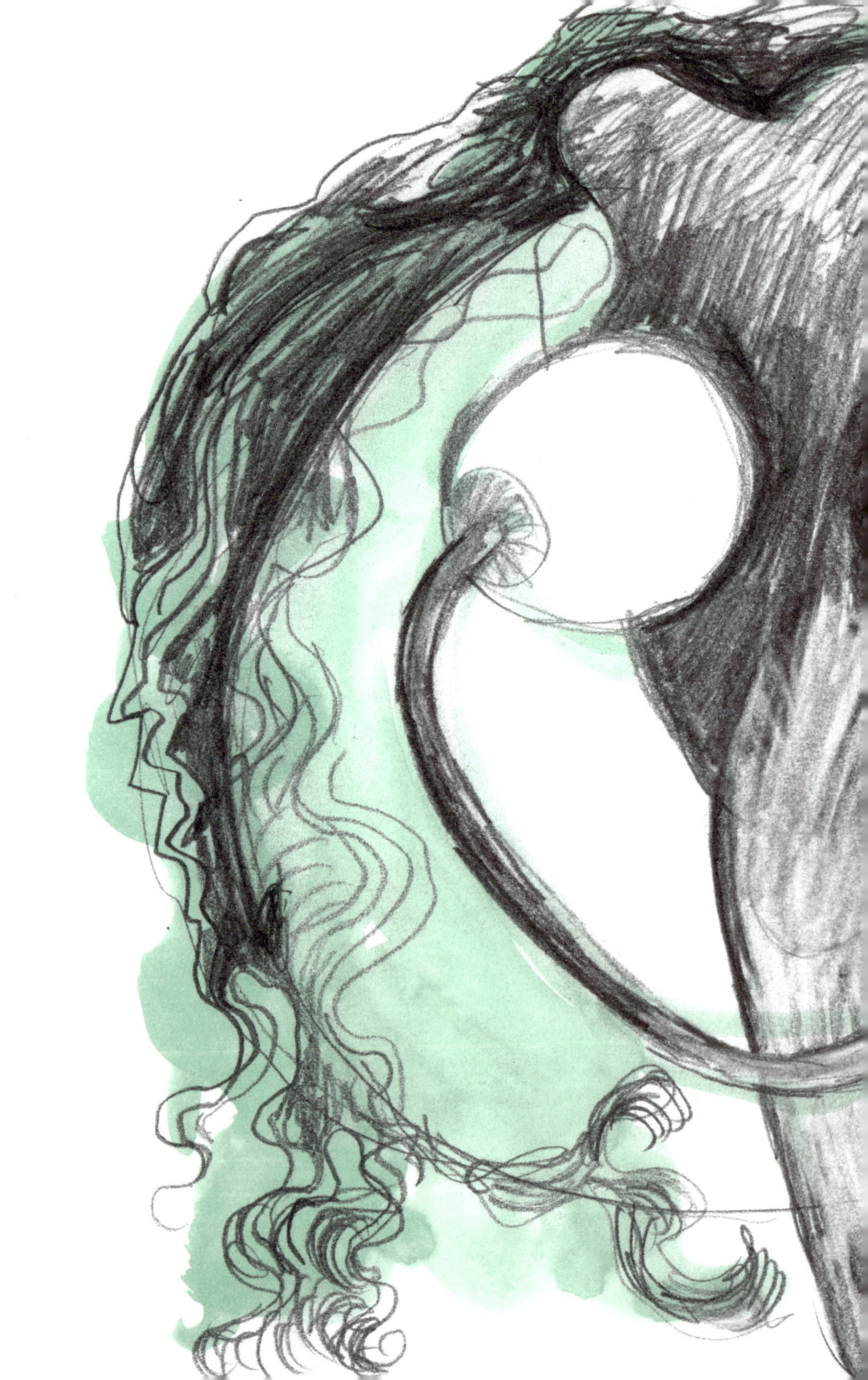

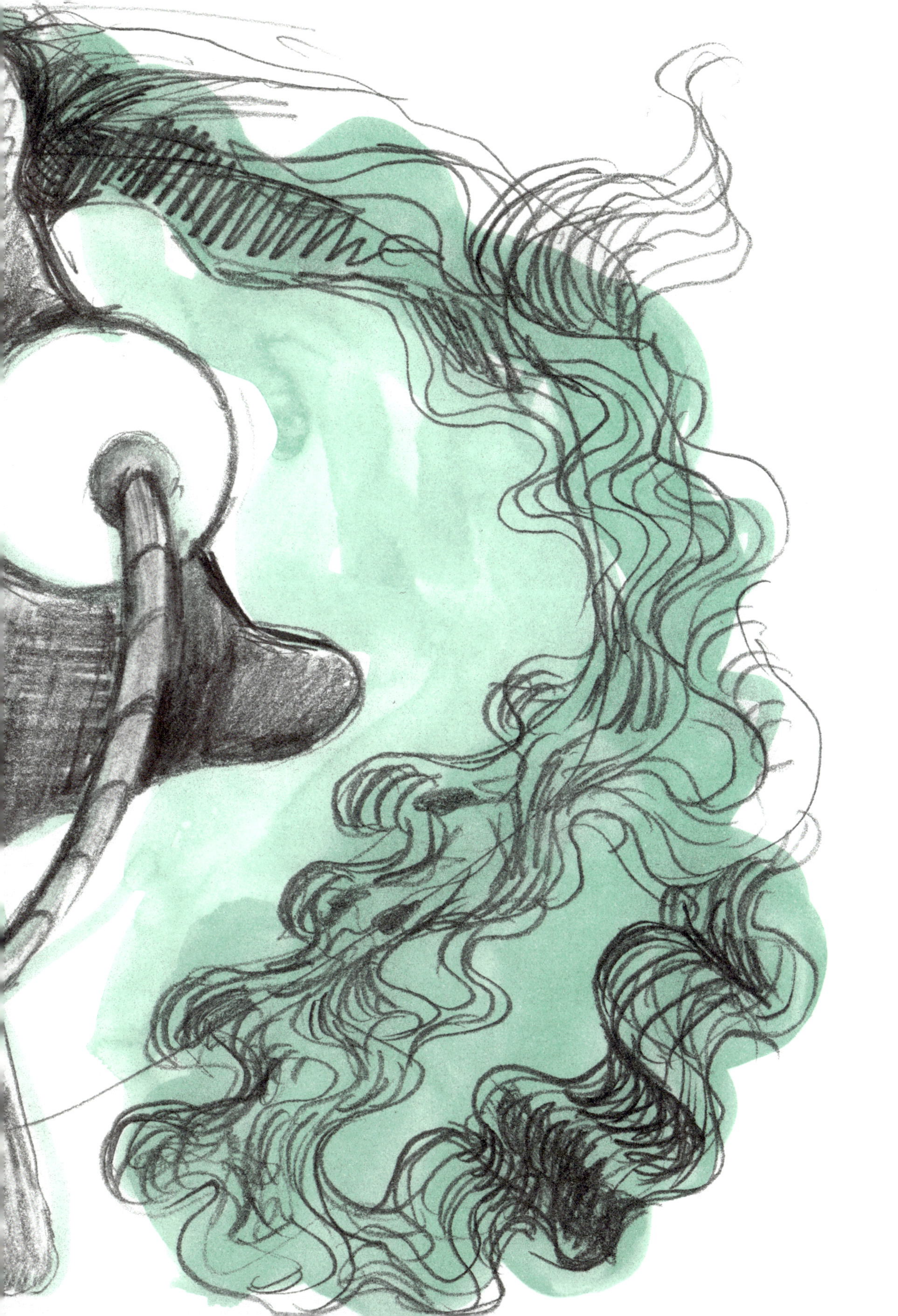

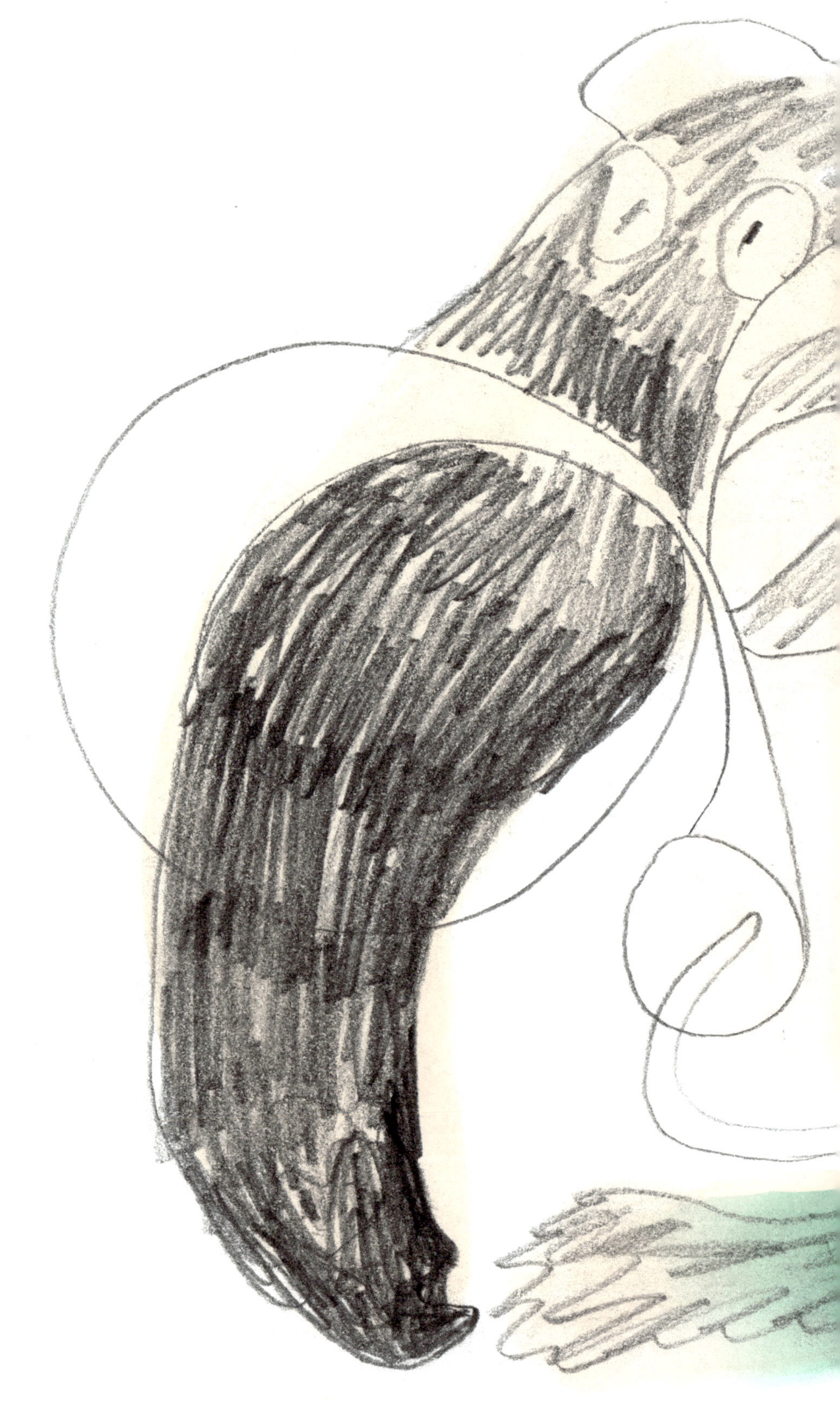

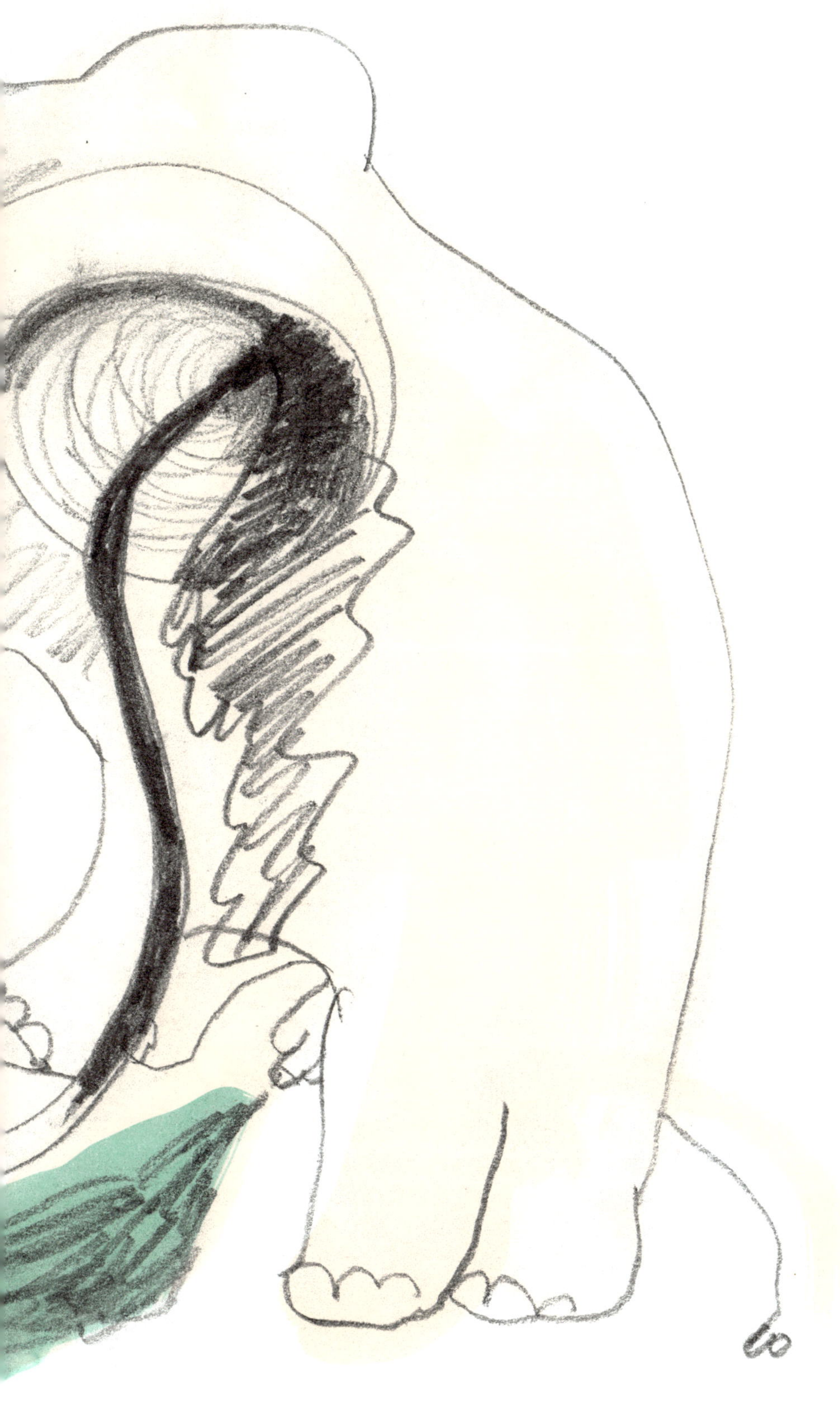

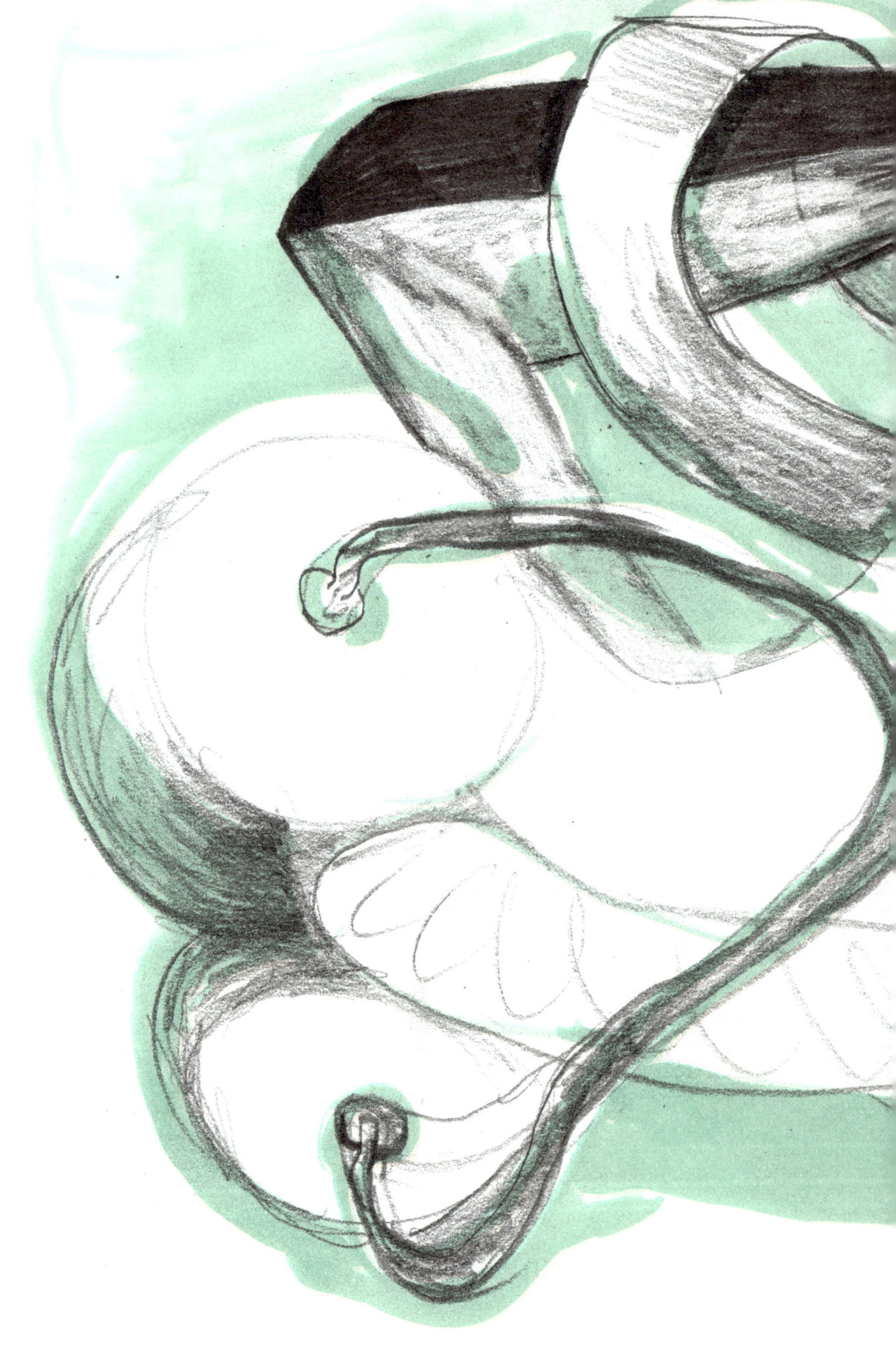

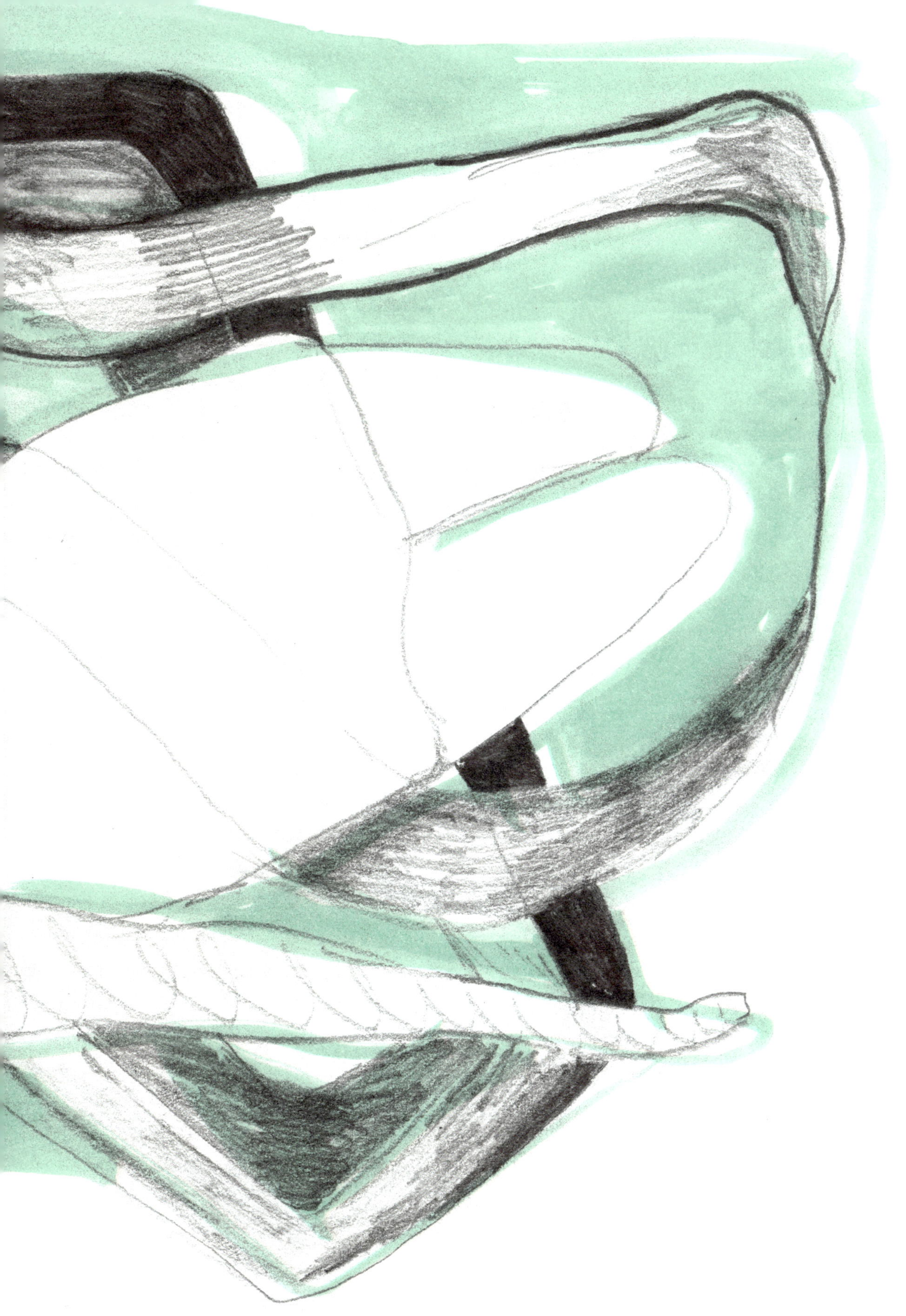

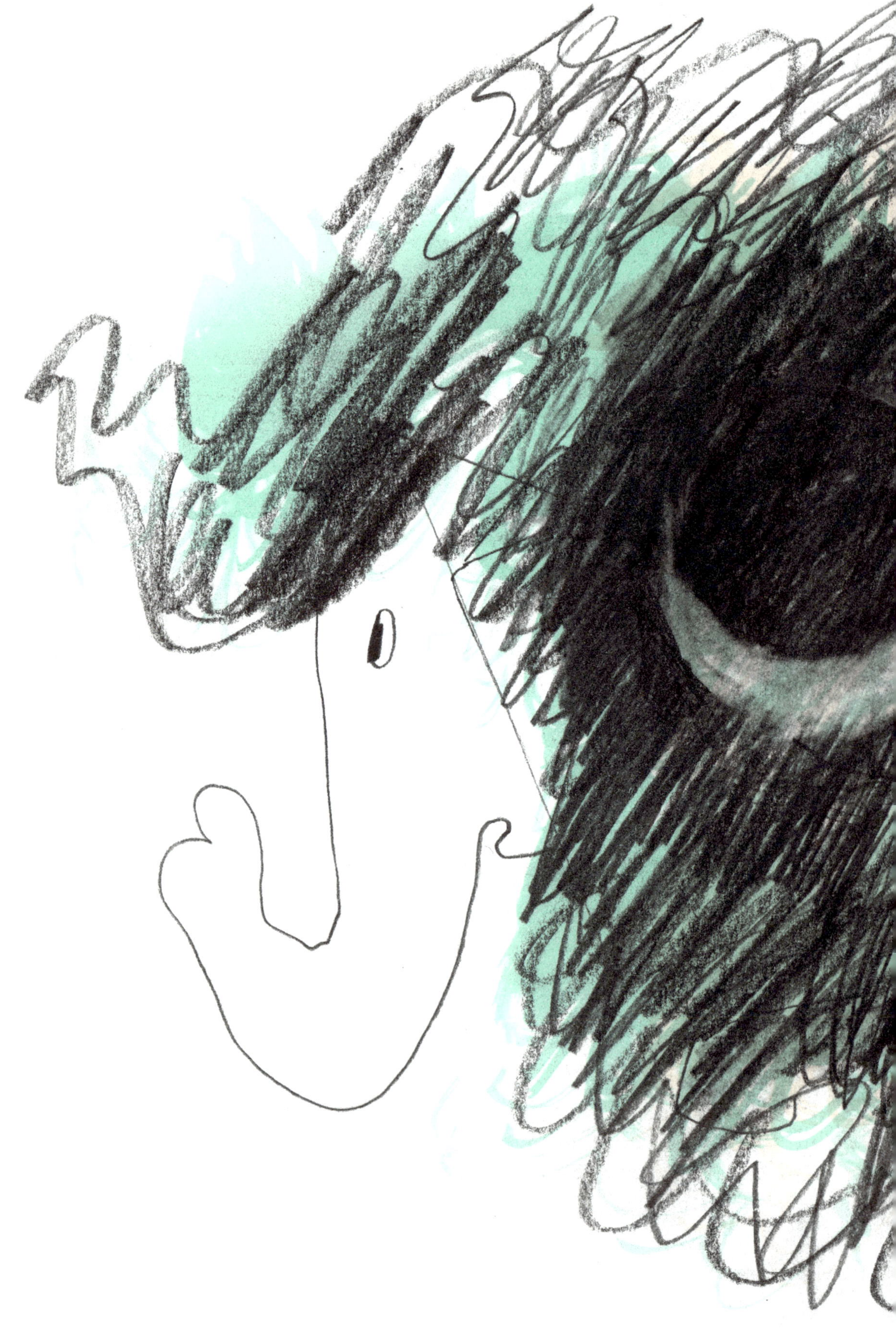

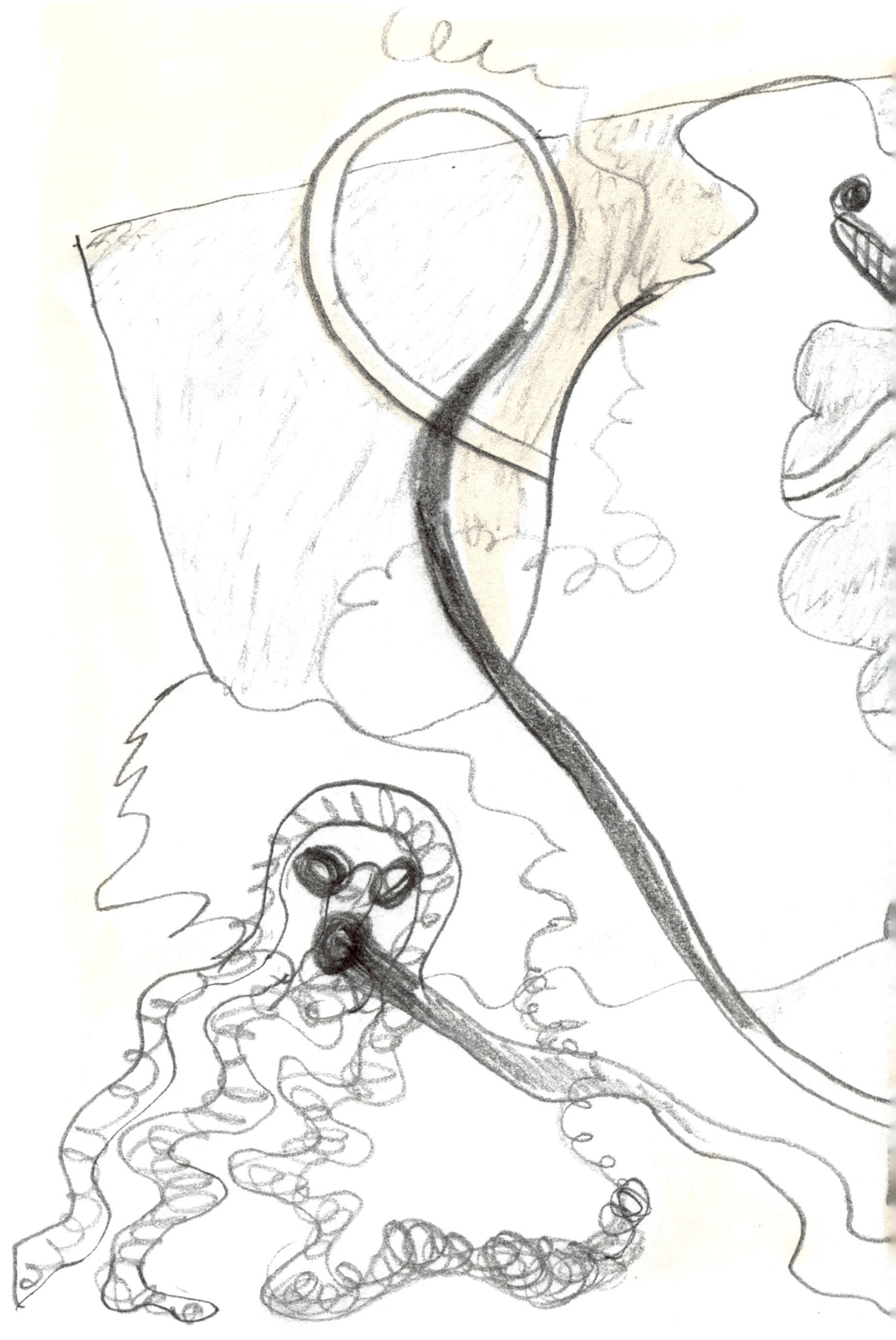

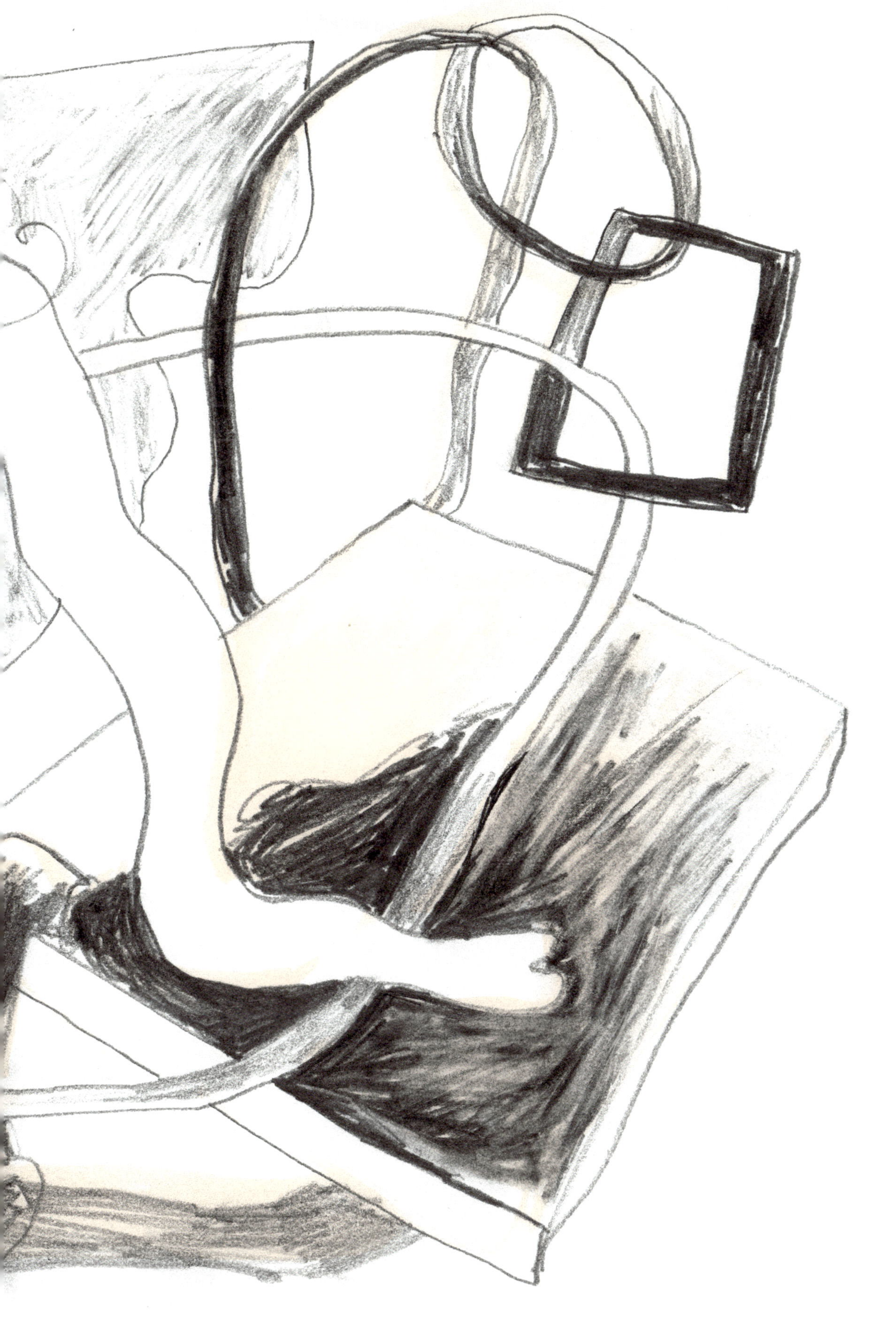

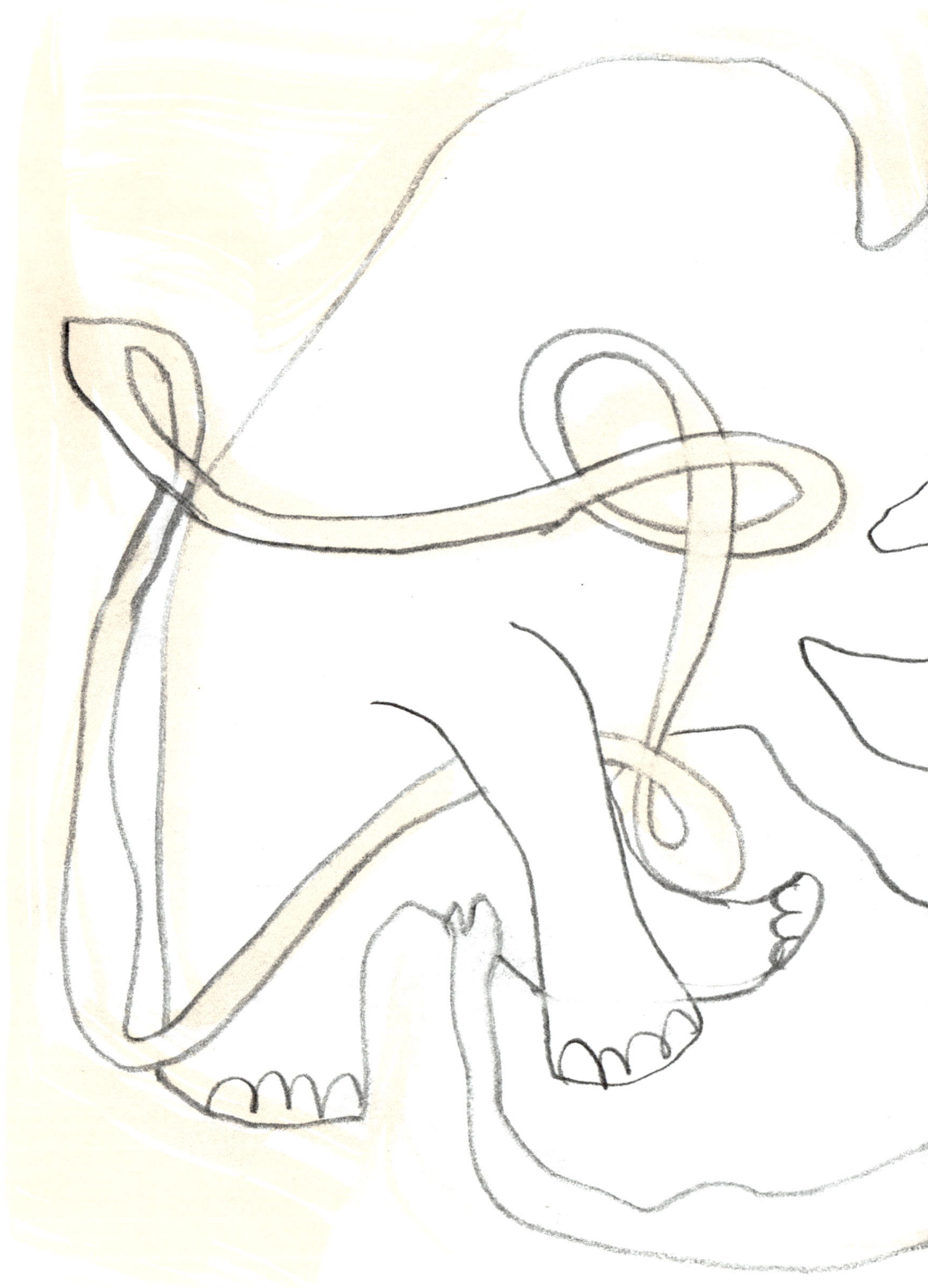

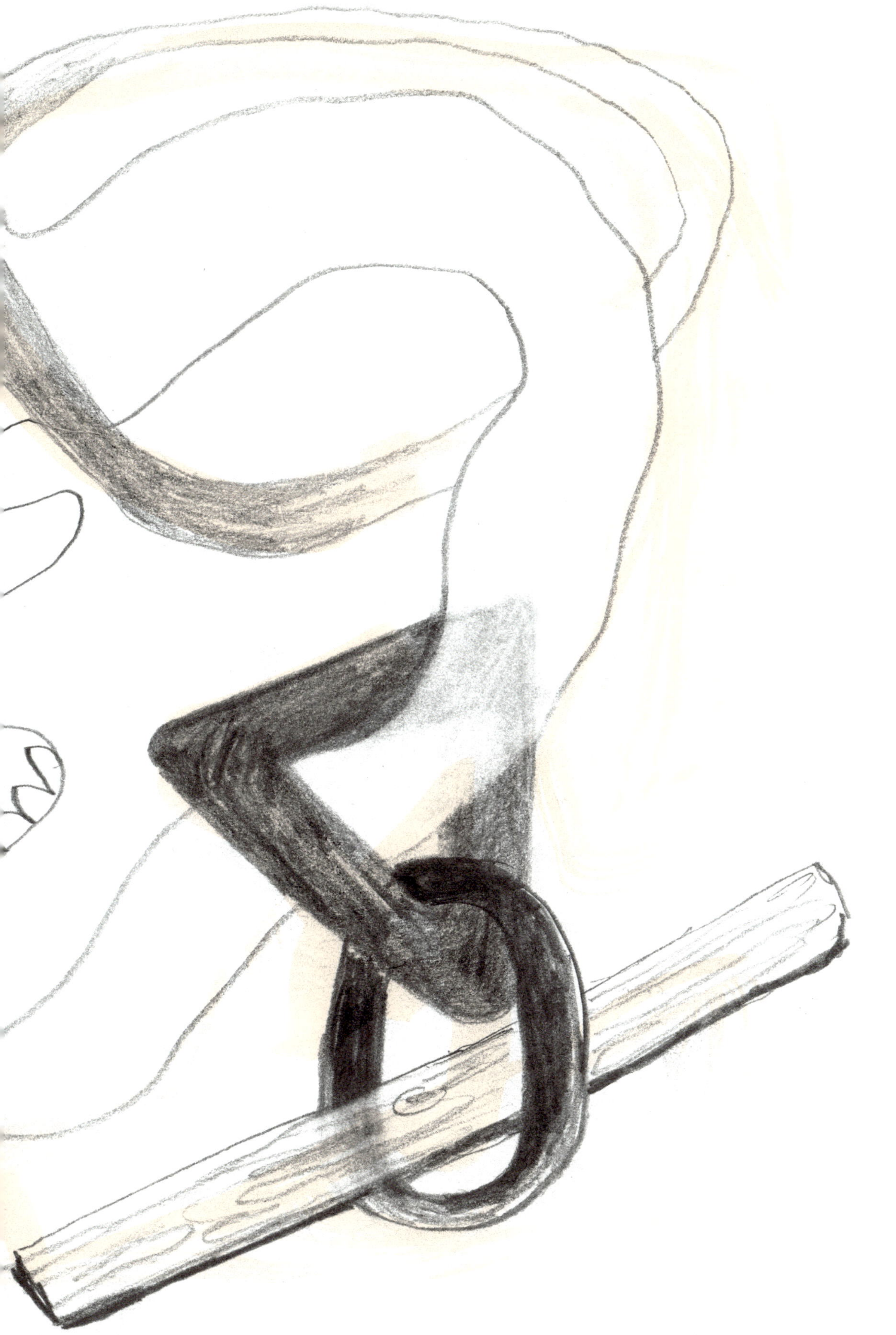

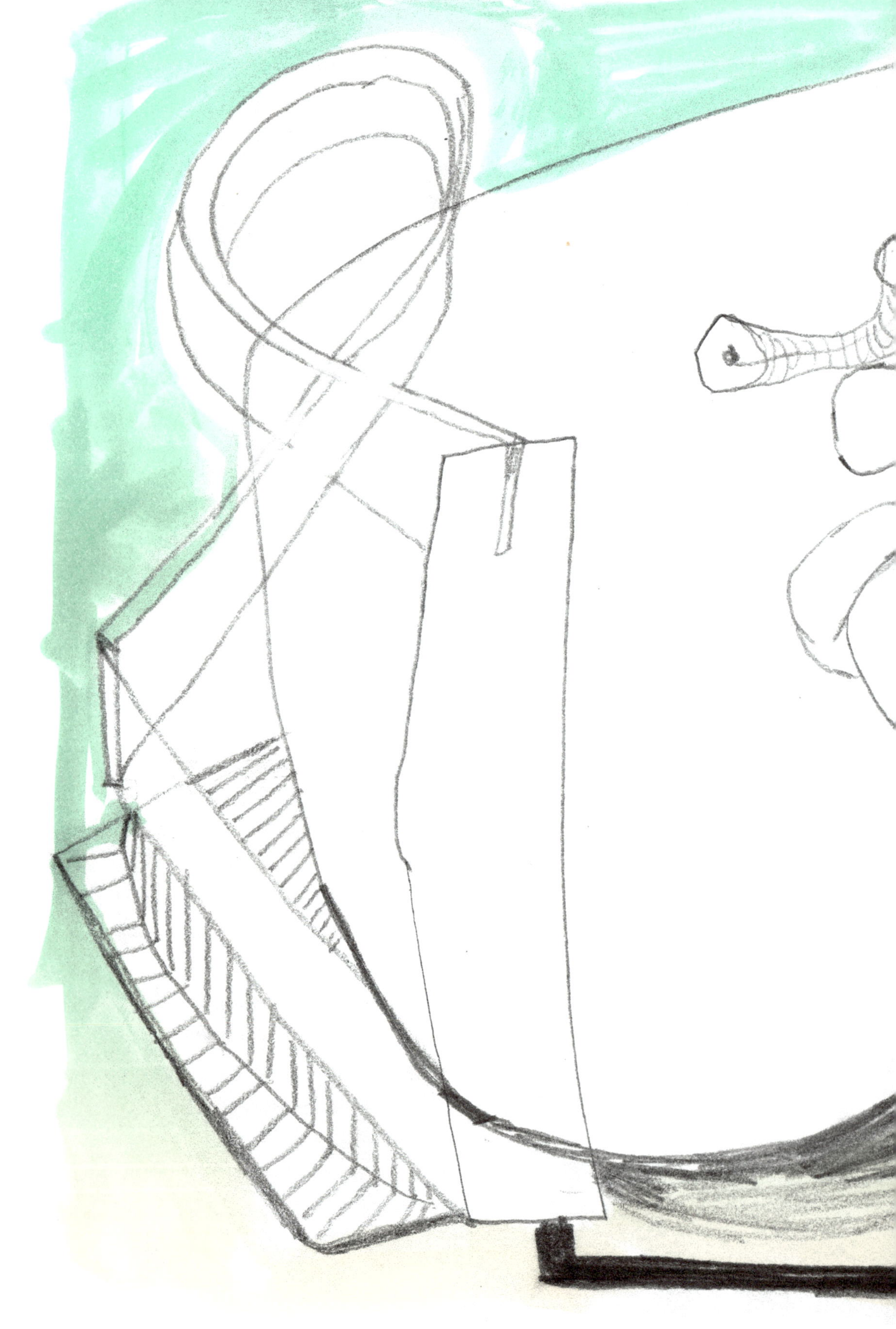

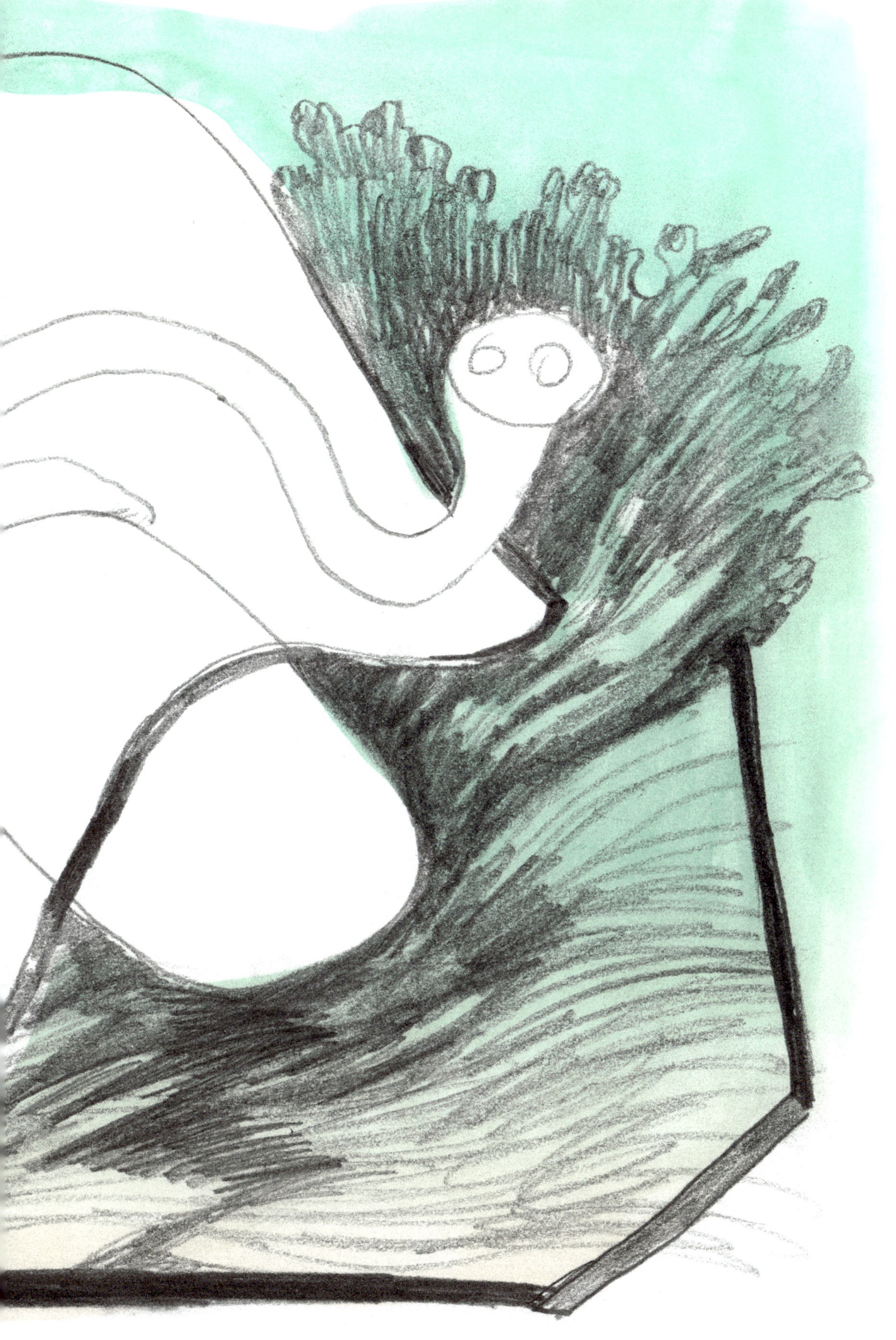

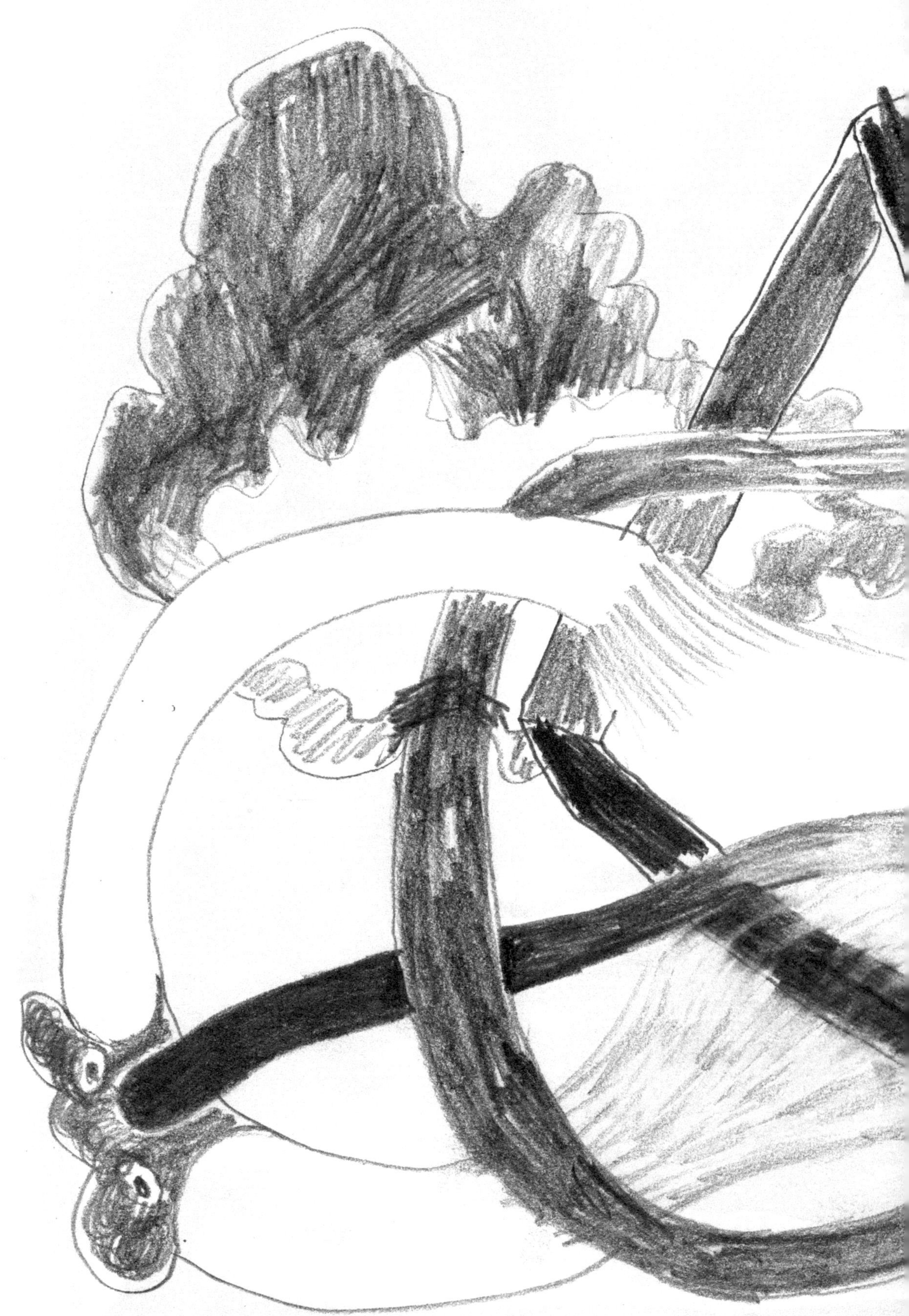

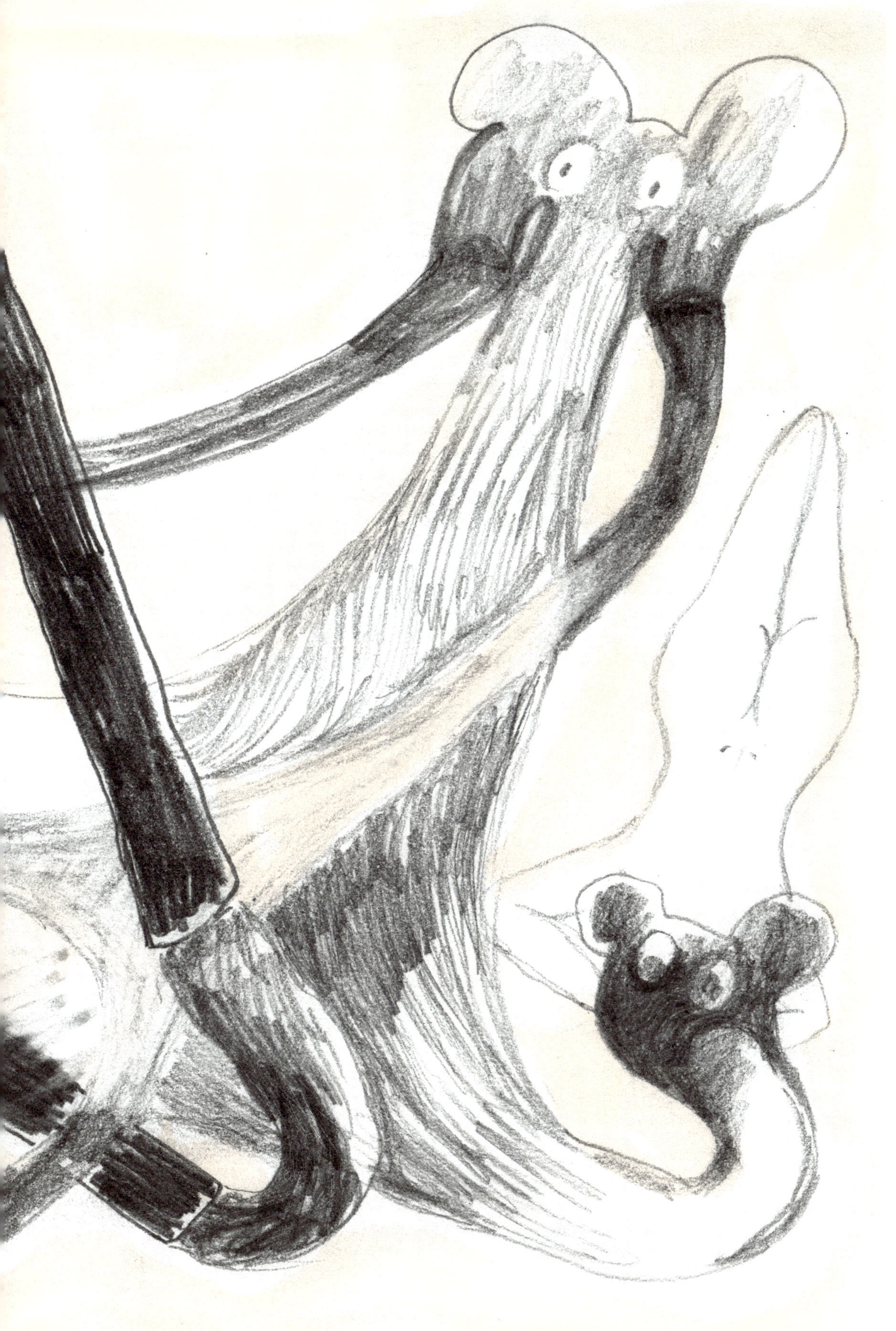

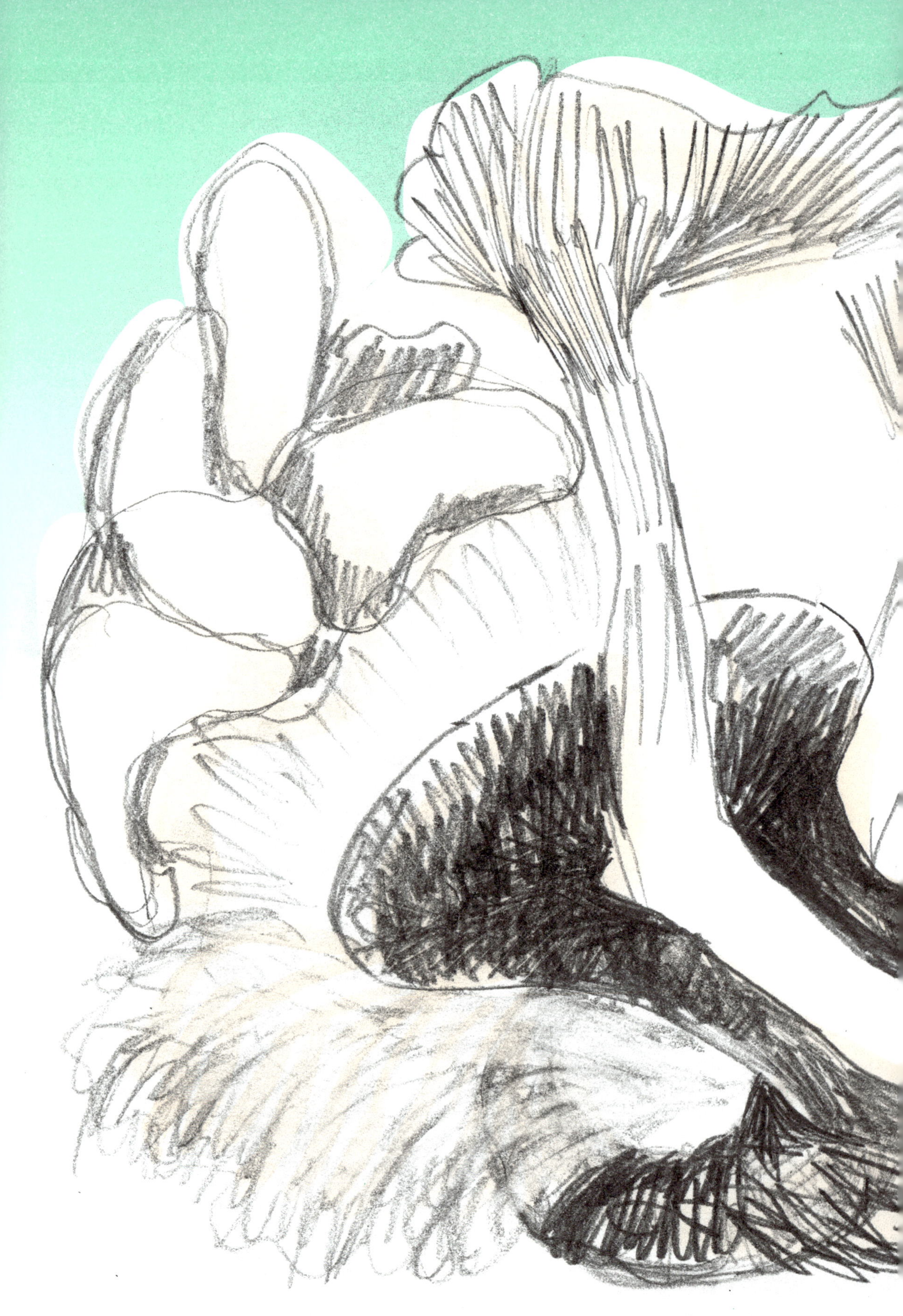

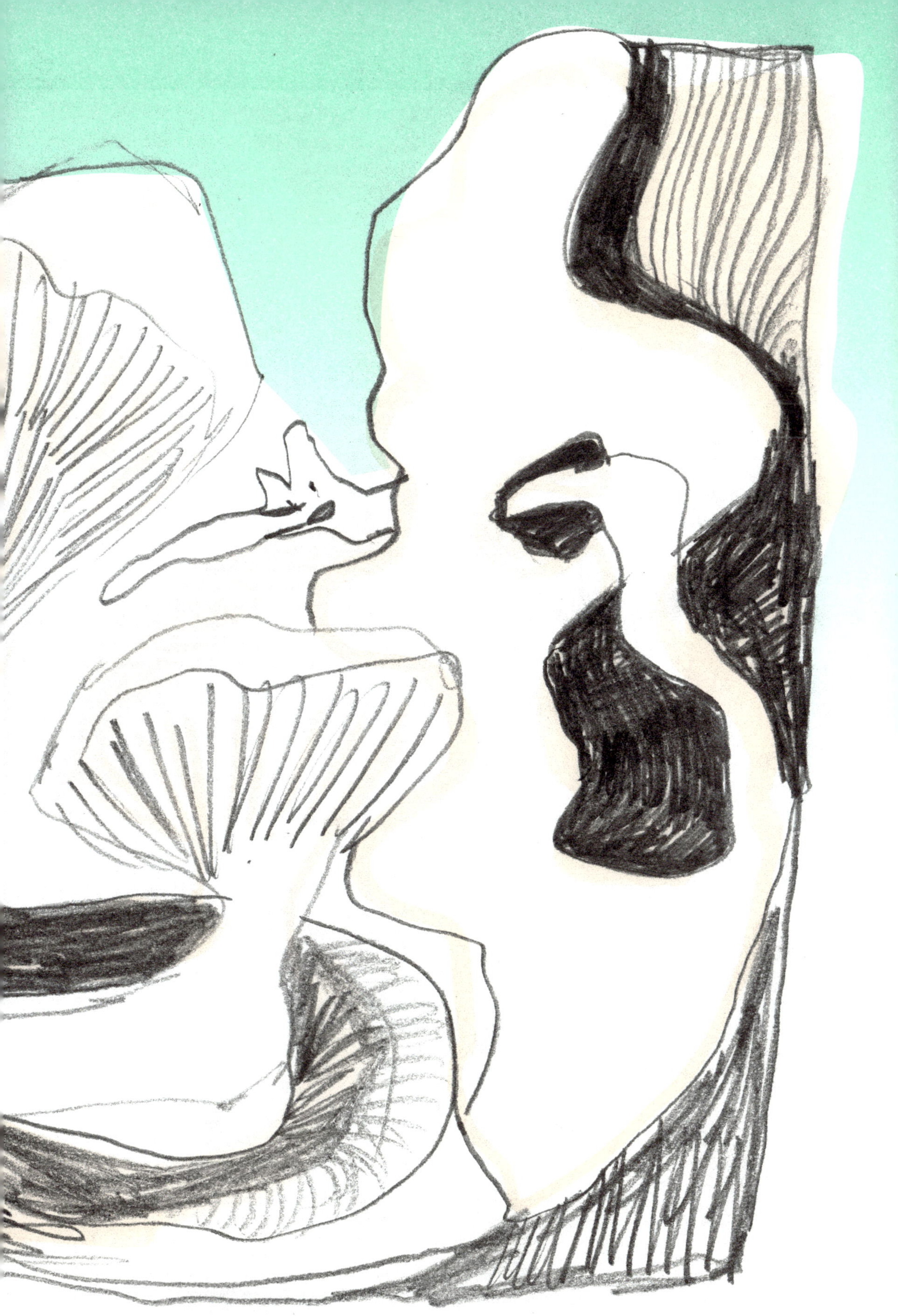

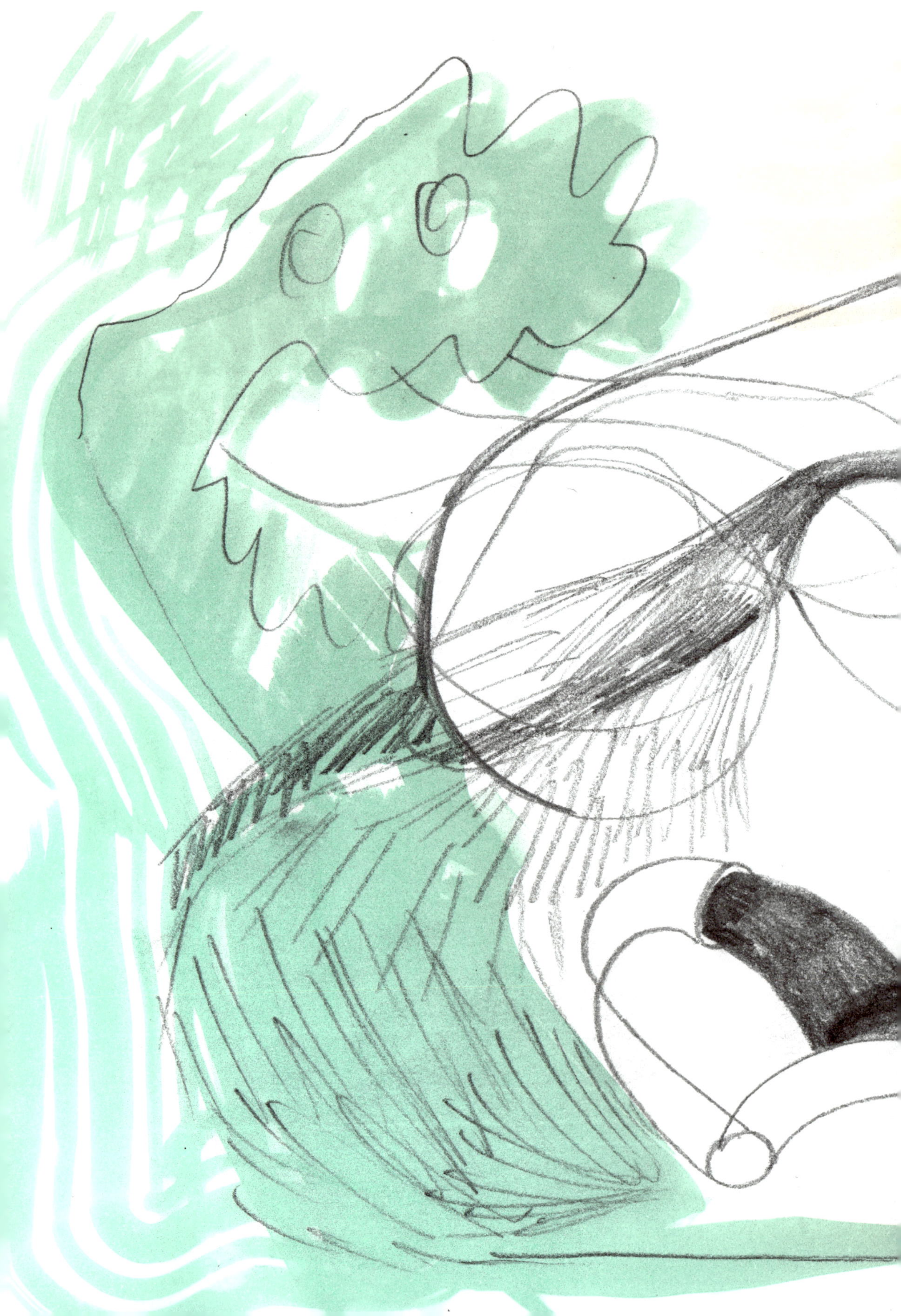

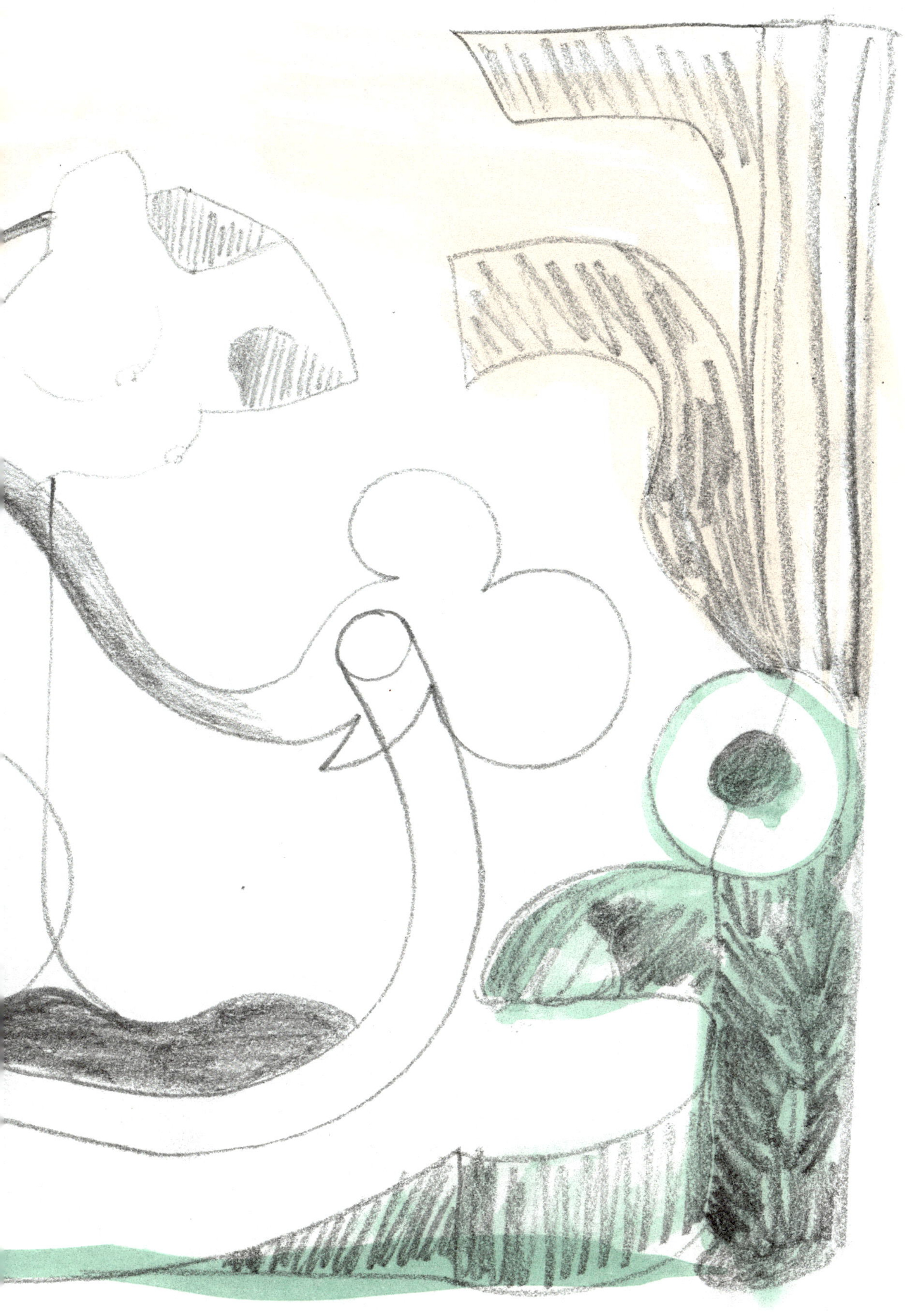

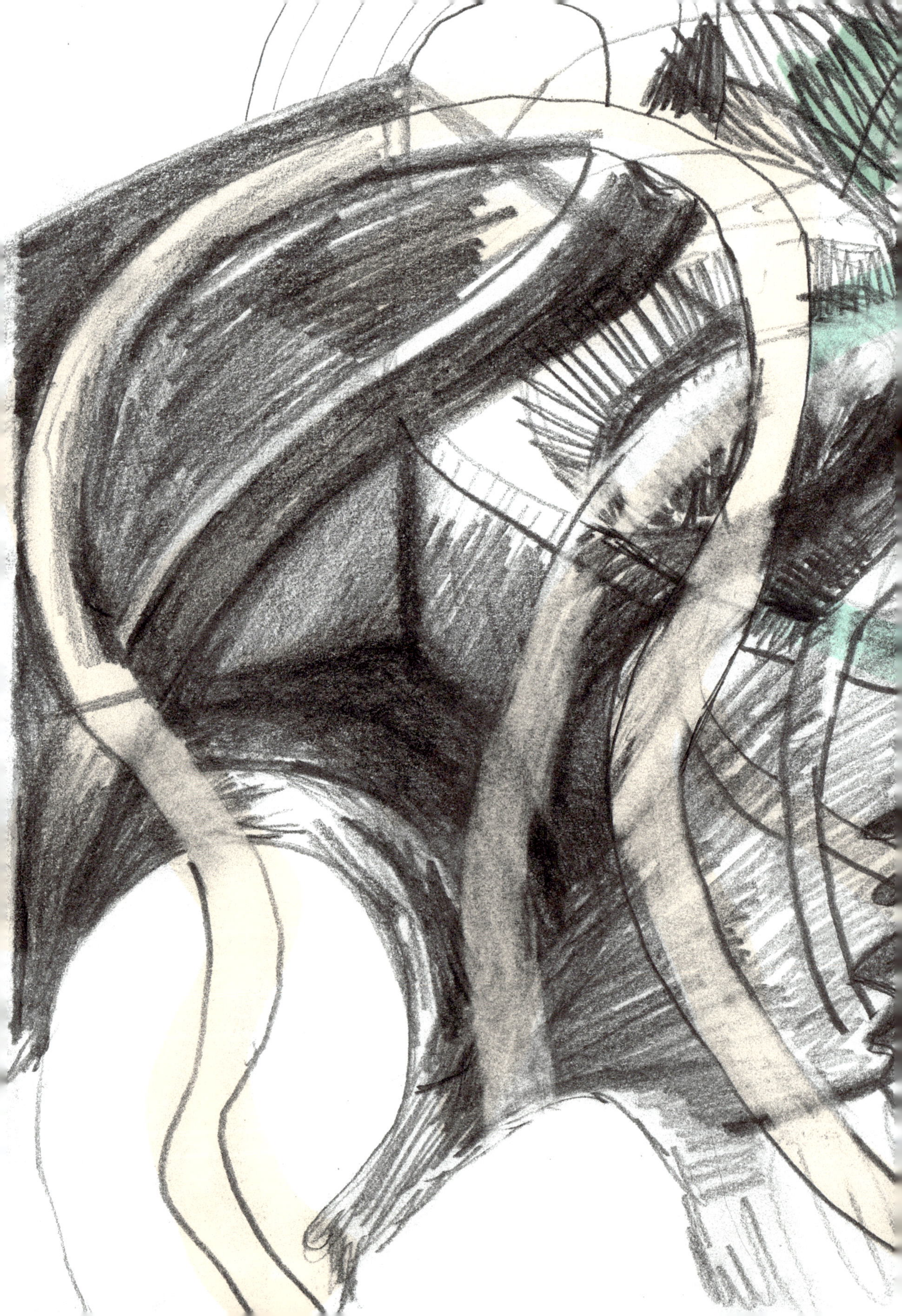

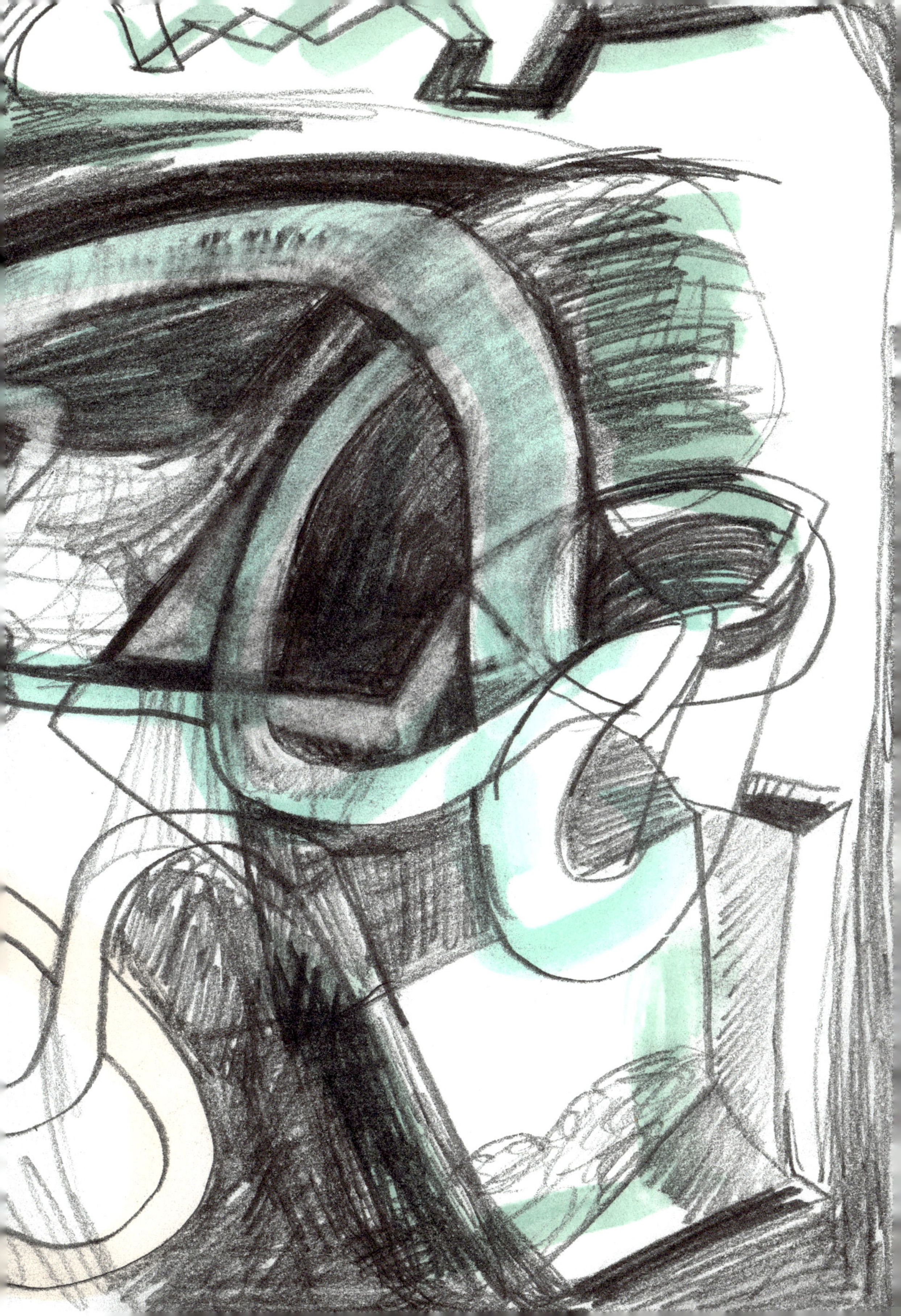